Liebe Leserin, lieber Leser,

vor gut 17 Jahren lernte der GEO-Reporter Michael Stührenberg im Niger in der Südsahara einen Nomaden kennen: Kalakoa vom Tuareg-Stamm der Kel Tedele. Der damals 50-Jährige lebte mit seiner Frau und seinen Kindern in einem etwa 60 Kilometer langen Tal des Aïr, einer Gebirgslandschaft von der Größe der Schweiz. Wie alle Wüstennomaden züchtete er Kamele, Ziegen und Schafe und zog mit seinen Herden von Weidegrund zu Weidegrund – je nachdem, wo der seltene Regen ein wenig Gras hatte sprießen lassen.

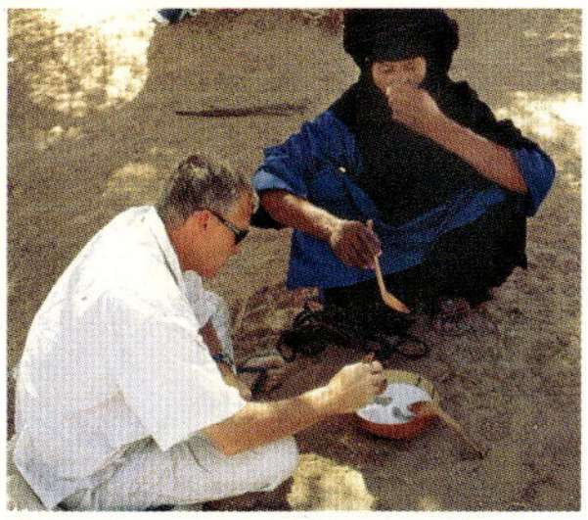

Zu Besuch im Nomadencamp: GEO-Reporter Michael Stührenberg teilt eine Mahlzeit mit seinem Freund Kalakoa, einem Tuareg im Süden der Sahara

„Kalakoa durchstreifte mit seinen Tieren den unwirtlichsten Teil des Aïr", erinnert sich Stührenberg, „dort, wo die Dürren der vorangegangenen Jahrzehnte die Vegetation zum großen Teil hatten absterben lassen. Er hielt es in dieser so lebensfeindlichen Welt aus, weil er mit dem freien Blick auf den Horizont aufgewachsen war, mit dem Gefühl des Wüstensandes auf seiner Haut, mit dem Widerwillen gegen ein Dach über seinem Kopf – und deshalb davon überzeugt war, dass das Leben eines Nomaden weitaus besser ist als das eines Sesshaften."

Stührenberg freundete sich mit dem Tuareg an und besuchte ihn häufig in den Jahren darauf, manchmal begleitet von der eigenen Familie, die mehrere Urlaube in dem Nomadenlager verbrachte. Er erlebte, wie Kalakoa in die Wirren eines Tuareg-Aufstandes geriet, wie er mit Dürren fertig wurde, wie er nach einem schweren Jagdunfall dem scheinbar sicheren Tod entging.

Und so lag es bei der Planung für die Themen dieses Heftes nahe, Michael Stührenberg um ein Porträt Kalakoas zu bitten; darin sollte er beschreiben, wie es Menschen gelingt, in der Wüste zu überleben.

Erarbeitete das Konzept dieser Ausgabe: GEOkompakt-Redakteur Jürgen Bischoff

Der Reporter besuchte seinen Freund im März 2007 – und erlebte ihn zum ersten Mal besorgt: „Kurz zuvor hatten sich kleinere Tuareg-Gruppen gegen die Regierung des Niger erhoben und einen Armeeposten überfallen. Und er hatte Angst, zwischen die Fronten zu geraten, sollte die Situation eskalieren."

Ab Seite 46 erzählt Stührenberg von dieser Begegnung mit Kalakoa – und davon, wie berechtigt dessen Sorge leider war.

*

Einem Teil der Auflage liegt in einer Sonder-Edition eine DVD über „Die Wüsten der Erde" bei. Der Fotograf und Autor Michael Martin hat gemeinsam mit der Kamerafrau Elke Wallner auf dem Motorrad sämtliche großen Wüstengebiete auf allen Kontinenten durchquert und dabei fast 50 Länder besucht – ein Unternehmen, das niemand sonst zuvor gewagt und in Bildern festgehalten hat.

Rund 100 000 Kilometer reiste Michael Martin für seine Dokumentation über »Die Wüsten der Erde«

Die beiden Münchner erkundeten die Sandmeere Arabiens, die Hochebenen Tibets, die Wüste Gobi. Sie machten Station im australischen Outback und in Südamerikas Atacama, sie filmten die bizarren Felslandschaften im Süden der USA. In Afrika nahmen sie ihren Weg von der Namib über die Kalahari nach Norden, zu den urtümlichen Vulkan- und Lavawelten der Danakil. Und schließlich wagten sie sich durch die Sahara, die größte aller Wüsten – vom Atlantik bis an die Ufer des Nils.

Der Film, den sie von diesem Abenteuer mitgebracht haben, offenbart jenen fantastischen Reichtum an Formen und Farben, den Verwitterung, Erosion und tektonische Prozesse über Jahrmillionen in jenen lebensfeindlichen Teilen der Erde entstehen ließen. Sie vermitteln aber auch Einblicke in den Alltag der Menschen, die in diesen Wüstenregionen ihre Heimat haben.

GEOkompakt lädt Sie ein, sich mit dieser DVD – und dem vorliegenden Heft – selbst auf die Reise zu begeben. Auf eine Reise durch geradezu unwirkliche Schönheit, auf eine Reise bis zu den Grenzen des Lebens.

Herzlich Ihr

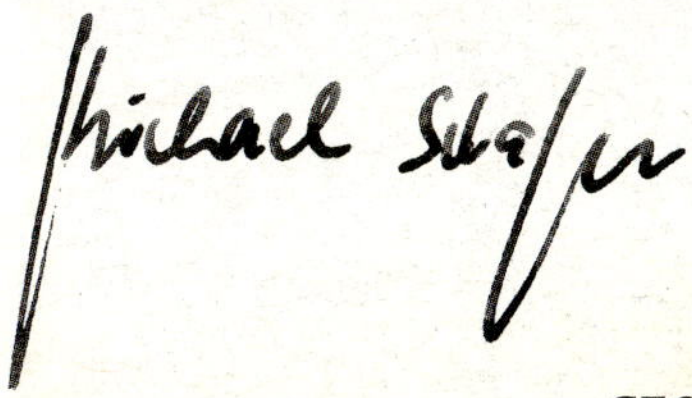

Wie überleben die Hornviper und andere Wüstentiere Wassermangel, Gluthitze und extreme Strahlung? **Seite 100**

Seit Jahrtausenden trotzen die Tuareg den Gefahren der Wüste: Nomaden, stets auf der Suche nach fruchtbaren Weiden. **Seite 46**

Wie Finger strecken sich die Ausläufer dieser Sterndünen in die Weite der Rub al-Khali auf der Arabischen Halbinsel. Dünen nehmen viele Formen an – und erreichen manchmal ein hohes Alter: Die Sandberge im Hintergrund entstanden vor gut 9000 Jahren. **Seite 60**

Hitze, Wind und Trockenheit haben aus einem Drittel der Erdlandmasse oftmals bizarre Wüstenlandschaften gefräst. **Seite 6**

Wo sich heute in der Sahara Meere aus Sand befinden, war einst grüne Savanne. Der Ungar Ladislaus Graf Almásy entdeckte 1933 bei einer Expedition überraschende Zeugnisse jener Zeit: prähistorische Felsmalereien mit schwimmenden Menschen. **Seite 24**

Getreidefelder in Saudi-Arabien: Was ist aus dem Versuch geworden, die Wüste zu begrünen? **Seite 140**

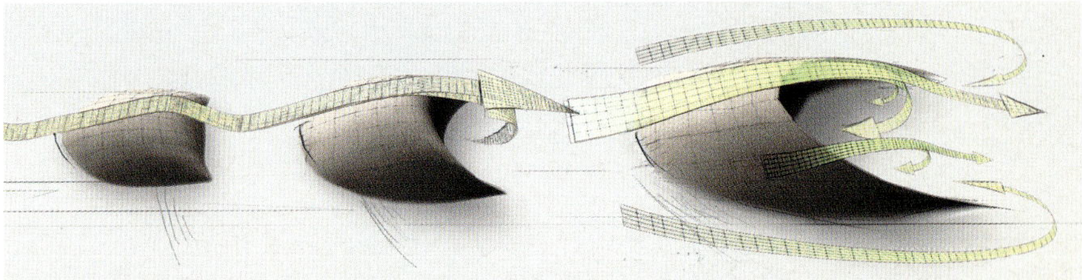

Die Gesetze des Sandes: Wie Dünen entstehen, welche Formen sie annehmen, weshalb einige wandern – und welchen Einfluss der Wind und die Beschaffenheit des Untergrundes dabei haben. Eine Typologie. **Seite 68**

Steinerne Wellen: Selbst in den heißesten Einöden, wie dieser Schlucht in Arizona, ist Wasser die wichtigste formende Kraft. **Seite 120**

MENSCH UND WÜSTE

TIERE UND PFLANZEN

GEOLOGIE UND GEOGRAPHIE

RUBRIKEN

Redaktionsschluss dieser Ausgabe: 17. August 2007

FACHBEGRIFFE – SCHNELL ERKLÄRT

In den Texten dieses Heftes sind **wichtige Begriffe** stets durch eine **blaue Schriftfarbe** hervorgehoben. Diese Begriffe werden im **Glossar** ab Seite 150 kurz und verständlich definiert.

Titelbild: Düne in der Südsahara (Temet); fotografiert und digital bearbeitet von Michael Martin

Heiße dürre Welt der Wunder

Sie faszinieren mit überirdisch anmutender Schönheit, grenzenloser Landschaft und erhabener Stille. Und sie erschrecken mit unbarmherzigen Lebensbedingungen, in denen kleinste Fehler den Tod bedeuten. Tiere, Pflanzen und Menschen mussten lernen, in Wüsten mit einem Minimum an Wasser auszukommen, extreme Temperaturen auszuhalten und Wege in der Unwegsamkeit zu finden. Verwitterung und Erosion sind die Kräfte, die diese bizarren Welten modellieren – Meere ohne Wasser, endlose Weiten aus Glut und Trockenheit

Sand und nur Sand

Dünenmeere werden die gewaltigen Sandansammlungen wie hier in der Namib genannt. Sternförmig bilden sich Dünen vermutlich aus, wenn die Windrichtung häufig wechselt. Wie die meisten Sande bestehen auch hier die Körner überwiegend aus Quarz, Siliziumdioxid. Ihre Durchmesser reichen von 0,063 bis zu zwei Millimetern

Sieg der Trockenheit

Selbst Kameldornbäume, eigentlich extreme Überlebenskünstler mit ihren bis in 60 Meter Tiefe reichenden Wurzeln, sind auf dem Lehmboden von Dead Vlei in Namibia verdorrt. Seit sich vor Jahrhunderten eine Wanderdüne zwischen den Fluss Tsauchab und jenen Flecken geschoben hat, ist kein Wasser mehr hierher gelangt

Werk des Windes

Was als einsame Skulptur in der Tassili du Hoggar in Algerien aus dem Sand ragt, sind Reste eines Plateaus. Verwitterung hat es zerschnitten, Erosion alles Material davongeschafft. Stehen blieb dieser Block aus härterem Gestein. Den hat der Wind, der die Körner dicht über dem Boden dahinfegt, schmal geschliffen

Ozean in Weiß

Die Dünen von White Sands in New Mexico haben sich nicht aus Quarz, sondern aus Gips gebildet. Die Rippeln indes formen sich stets nach demselben Prinzip: Der Wind bewegt die Körner, und diese stoßen mit anderen Partikeln zusammen. Treffen sie auf Bodenunebenheiten, wie Vertiefungen, häufen sie sich dort an

Strömende Fräse

In Arizona hat sich der Colorado River durch das inzwischen an seinen Ufern hoch aufragende Plateau gefressen und den Marble Canyon geschaffen. Viele Kräfte sind hier am Werk: Wasser, Wind, Salze, Sand, Frost und Hitze lassen das Gestein verwittern, der Fluss trägt die zermahlenen Bruchstücke davon

Meer schafft Wüste

Bis ans Wasser reichen die Dünen der Atacama in Peru – trotzdem ist sie staubtrocken. Diese Küstenwüste ist Produkt einer speziellen Situation: Feuchte, kühle Luft steigt über dem küstennahen Humboldtstrom auf, doch Regenwolken kann sie nicht bilden, weil der warme Passat, der vom Land her weht, sich über sie schiebt und ihren Weg nach oben blockiert

Kreislauf des Sandes

Eisenoxide färben diese Sandsteinformation im Colorado-Plateau in einer Palette von Rottönen ein. Über Jahrmillionen hat sich, getrieben von starken Winden aus meist derselben Richtung, Düne auf Düne gelagert. Einst von Fluten ausgegraben, verwittern die versteinerten Schichten und werden durch Wasser und Wind wieder zu Sand

Zeugnis der Zeiten

Die zwei, drei Meter hohen Felsnasen in Westaustraliens Pinnacles Desert bestehen aus Kalkstein, der sich einst aus Schalen von Meerestieren bildete. Geformt hat sie ein komplexer Prozess: Kalk löste sich in saurem Regen und verfestigte sich an einigen Stellen wieder zu hartem Gestein. Erosion trug das verbliebene Material ab □

GREAT BASIN DESERT
Typ: Reliefwüste
Fläche: 492 000 km²
Regen: 150–300 mm/Jahr, überwiegend als Schnee
Besonderheit: weite, flache, mit Gras und Buschwerk bewachsene Ebenen

SAHARA
Typ: Wendekreiswüste, Kontinentalwüste
Fläche: 8,6 Mio. km²
Regen: 0–400 mm/Jahr
Besonderheit: nur etwa zu 25 Prozent Sandwüste, drei Viertel sind Gebirge, Stein- und Kieswüsten

Wüsten der Erde

Landschaften gelten dann als Wüste, wenn deutlich weniger Regen auf sie niedergeht als verdunsten könnte. In manchen Gebieten der Sahara etwa fällt weniger als 100 Millimeter Regen im Jahr – aber mehr als 2000 Millimeter würden aufgrund der Hitze verdunsten. In Halbwüsten dagegen regnet es wenigstens zeitweilig mehr als wieder verdampft. Wüsten und Halbwüsten bedecken etwa 50 Millionen Quadratkilometer, also 33,6 Prozent der irdischen Landfläche

ATACAMA
Typ: Küsten-/Reliefwüste
Fläche: rund 75 000 km²
Regen: 0–30 mm/Jahr
Besonderheit: eine der trockensten Wüsten der Erde, weite Sand- und Salzflächen, mittlere Höhe 2400 m

Wie Wüsten entstehen

Illustrationen: Jochen Stuhrmann

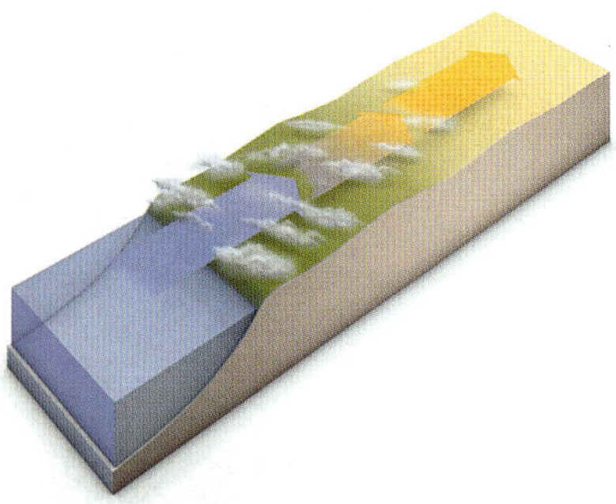

KONTINENTALWÜSTE
Weite Gebiete Zentralasiens und Teile der Sahara sind aufgrund ihrer geographischen Lage von größeren Wettersystemen abgeschnitten: Die Luft, die dort ankommt, hat auf ihrem Weg vom Meer bereits alle Feuchtigkeit abgegeben. Und je weiter die Entfernung zum Ozean, desto größer ist die Trockenheit der Wüste.

RELIEFWÜSTE
Ein Gebirge – hier an einer Küste – wirkt als Riegel gegen feuchte Luft: Diese steigt an den Hängen auf und regnet dabei ab. Auf der anderen Seite des Gebirgsreliefs strömt die nun trockene Luft abwärts und wird von der Sonne erhitzt. Eine typische Reliefwüste ist das tibetische Hochland im Regenschatten des Himalaya.

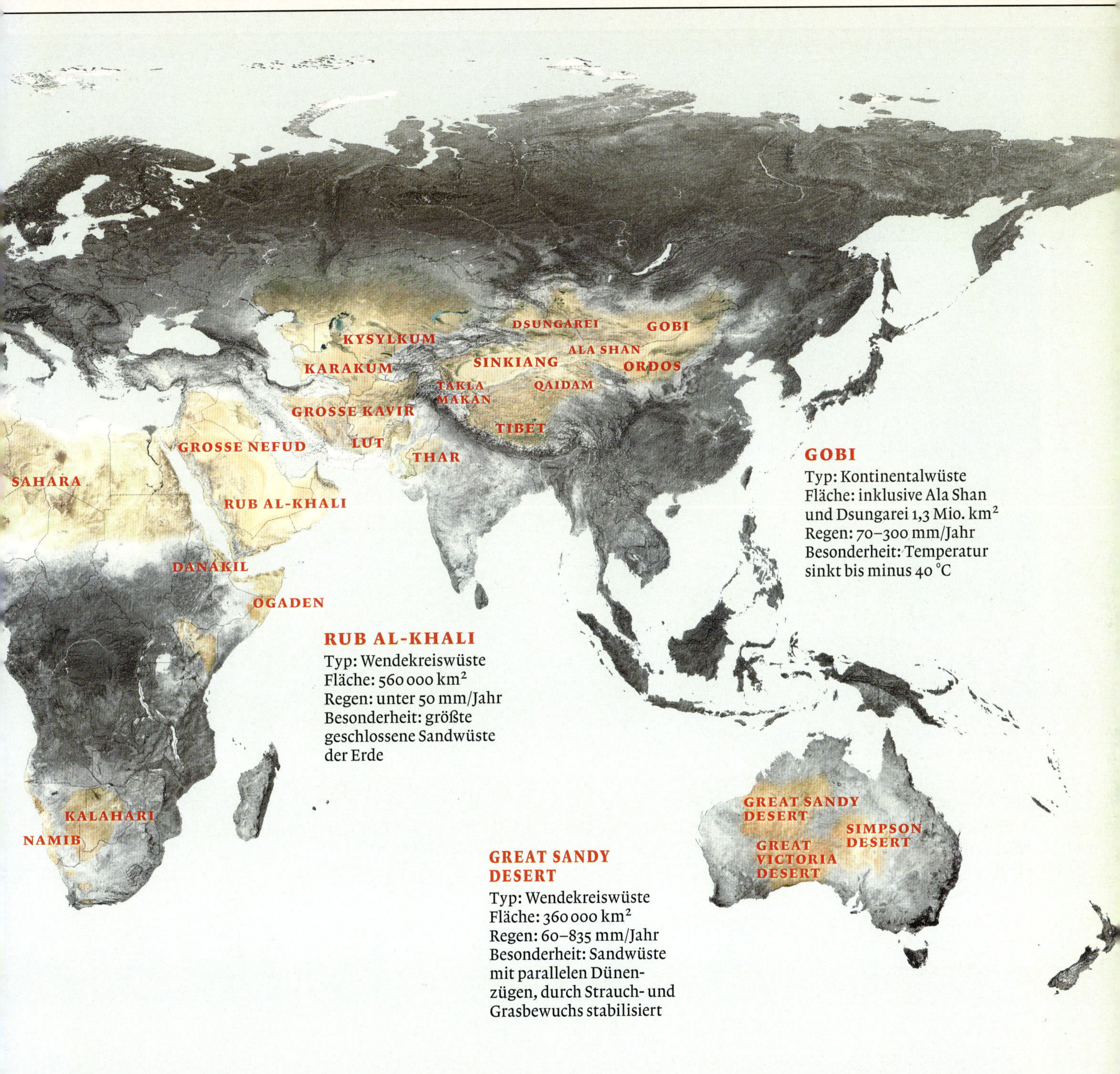

GOBI
Typ: Kontinentalwüste
Fläche: inklusive Ala Shan und Dsungarei 1,3 Mio. km²
Regen: 70–300 mm/Jahr
Besonderheit: Temperatur sinkt bis minus 40 °C

RUB AL-KHALI
Typ: Wendekreiswüste
Fläche: 560 000 km²
Regen: unter 50 mm/Jahr
Besonderheit: größte geschlossene Sandwüste der Erde

GREAT SANDY DESERT
Typ: Wendekreiswüste
Fläche: 360 000 km²
Regen: 60–835 mm/Jahr
Besonderheit: Sandwüste mit parallelen Dünenzügen, durch Strauch- und Grasbewuchs stabilisiert

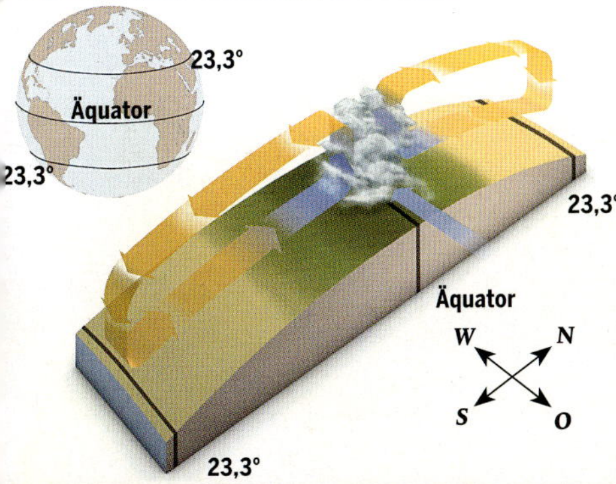

WENDEKREISWÜSTE

Entsteht, weil am Äquator warme, feuchte Luft aufsteigt, abkühlt und bereits über den Tropenwäldern abregnet. In großer Höhe strömt die trockene Luft nord- und südwärts bis zu den Wendekreisen bei etwa 23° Breite. Auf dem Weg kühlt sie so weit aus, dass sie absinkt und als am Boden aufgeheizter Wind wieder gen Äquator weht.

KÜSTENWÜSTE

Findet sich an den Westküsten Afrikas und Amerikas, wo kaltes Tiefenwasser emporquillt. Dieses kühlt die Luft über dem Meer. Zudem weht trockene, wärmere Luft vom Land in Meeresrichtung. Sie legt sich auf die kalte Luftschicht und verhindert, dass diese aufsteigt und die darin enthaltene Feuchtigkeit zu Regen kondensiert.

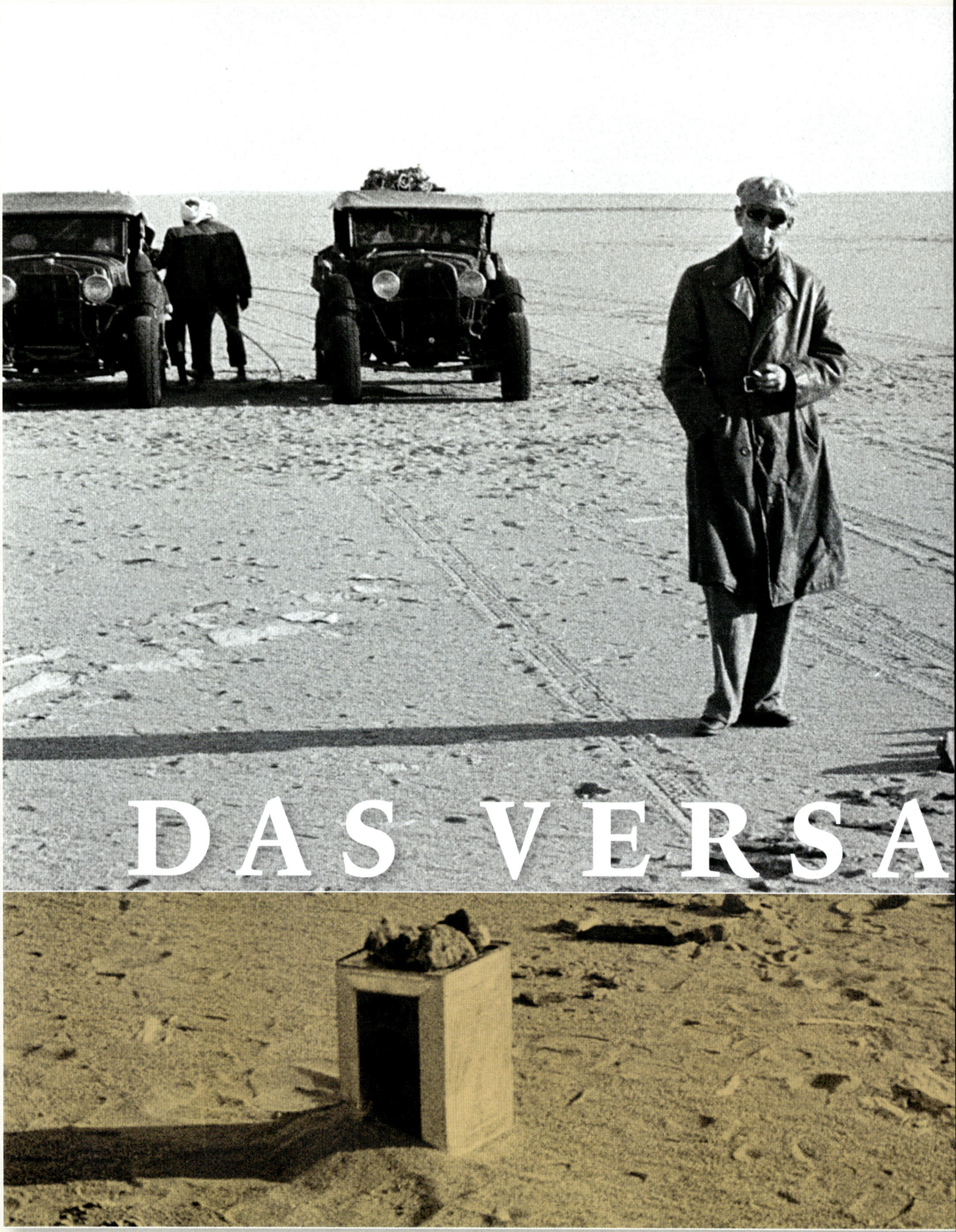

DAS VERSA

Flirrende Hitze, endlose Sandmeere, lebensfeindliche Steinlandschaften: Das ist die Sahara. Doch noch vor 6000 Jahren weideten dort Herden auf grüner Savanne, glitzerten Seen in der Sonne. Forscher können erklären, weshalb die Wüste zur Wüste wurde

Text: Martin Paetsch

Abu Ramla, »Vater des Sandes«, nannten die Beduinen den Ungarn Ladislaus Graf Almásy (vorn). 1933 führte er eine Expedition mit den deutschen Wissenschaftlern Leo Frobenius und Hans Rhotert durch die Libysche Wüste. Sie fuhren mit Autos und errichteten an einigen Stellen Wegmarken. In einem Wadi des Gilf-Kebir-Plateaus in Südägypten machten die Forscher dann eine Entdeckung, die allem, was man von der Sahara wusste, widersprach: Sie fanden prähistorische Felsmalereien mit schwimmenden Menschen

NDETE PARADIES

Auf dem rötlichen Sandstein zeichnen sich blasse Umrisse ab. Schemenhaft sind Tiere zu erkennen, darunter Giraffen, ein Hund, ein Strauß. Menschen laufen oder stehen in Gruppen beisammen. Dazwischen eine Reihe kleinerer Figuren in seltsamer Haltung: Die Körper in waagerechter Lage, Arme und Beine weit ausgestreckt, scheinen sie in einem unsichtbaren Medium zu schweben.

Daran, woraus dieses bestand, hat Ladislaus Eduard Almásy keinen Zweifel. Der ungarische Forschungsreisende entdeckt die merkwürdigen Malereien im Herbst 1933 (und wird Jahrzehnte später das Vorbild für die frei nachempfundene Figur des „Englischen Patienten“ im gleichnamigen Roman und Film).

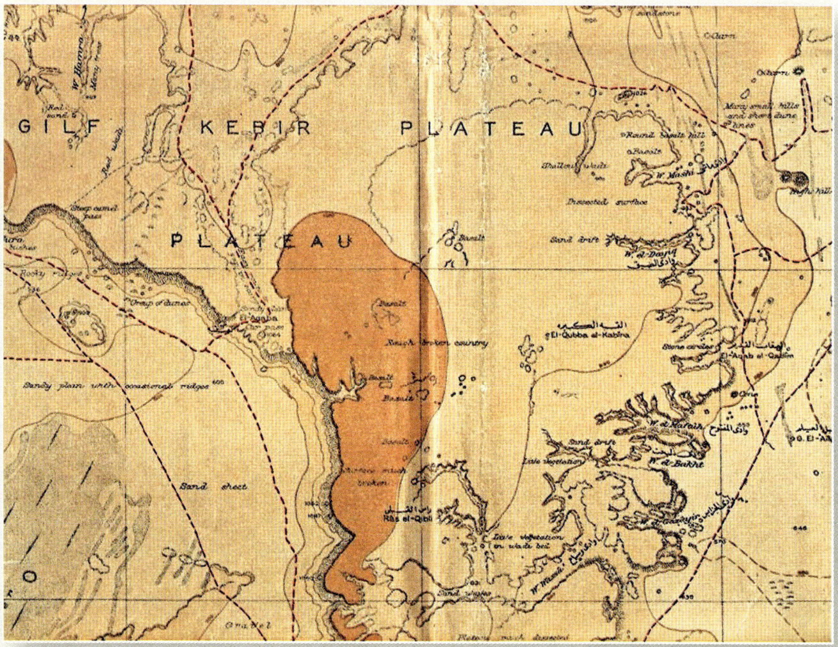

Zu Karten wie dieser von 1942 trugen Almásys Expeditionen zum Gilf-Kebir-Plateau im Südwesten Ägyptens wesentlich bei. Bemerkungen wie »Harte sandige Ebene, gutes Vorankommen« oder »Dünenfeld« halfen späteren Reisenden bei der Routenplanung

Er sei hier, im äußersten Südwesten Ägyptens, auf „vier mit wunderschönen Bildern bemalte Höhlen“ gestoßen, notiert er später. In einer davon habe er eine „Bildgruppe von schwimmenden Menschen“ gefunden. Den Ort nennt er Wadi Sura, das „Tal der Bilder“ – und vermutet, es sei „einmal ein See gewesen“.

Ein mutiger Schluss angesichts der unwirtlichen Umgebung: Wasser ist am Westrand des Gilf Kebir, wo er die Felskunst entdeckt, so knapp wie kaum anderswo auf unserem Planeten.

Der Eingang zur »Höhle der Schwimmer« im Wadi Sura am Westrand des Gilf Kebir. In der Nähe befindet sich eine Senke, in der das Wasser einst meterhoch stand

Das gewaltige Plateau, das größer ist als die Insel Korsika und sich mehr als 300 Meter über die Libysche Wüste erhebt, liegt in einer der niederschlagsärmsten Regionen der Erde. Im Norden branden die Dünen der ägyptischen Großen Sandsee an das Felsmassiv.

Bis auf wenige isolierte Täler, in denen sich äußerst anspruchslose Wüstenpflanzen halten können, ist das Gilf Kebir praktisch unbelebt. Offenes Wasser gibt es nicht. Menschen siedeln im Gewirr der Sandsteinklippen seit Jahrtausenden nicht mehr. Die nächstgelegene ägyptische Niederlassung, die Oase Dakhla, ist mehr als 600 Kilometer entfernt.

In diese lebensfeindliche Einöde hat sich Almásy als einer der ersten Europäer vorgewagt. Der begeisterte Rennfahrer und Flieger war bereits 1929 mit dem Prinzen Ferdinand von Liechtenstein zu einer waghalsigen Autofahrt durch die ägyptische Wüste aufgebrochen.

Seither war er von einem Gedanken besessen: Er wollte das sagenumwobene Zarzura finden, die „Oase der kleinen Vögel“, von der arabische Erzählungen berichtet hatten. Vom Flugzeug aus erspähte er 1932 im Gilf Kebir ein mit Akazien bewachsenes Tal. Ein Jahr später drang der rastlose Reisende dorthin vor – und fand in ihm das gesuchte Zarzura.

Bei seinen Erkundungen im Gilf Kebir und weiter südlich, im Grenzdreieck von Ägypten, Libyen und Sudan, stieß Almásy überall auf Felsbilder, von denen die Nomaden glaubten, *dschinns* hätten sie auf die Felsen gezeichnet, die Geister der Wüste. Im Herbst 1933 schließlich führte er eine Expedition in das zerklüftete Ödland des Gilf Kebir – und entdeckte die heute berühmte „Höhle der Schwimmer“.

Seine Funde interpretierte Almásy mit ungewöhnlicher Weitsicht. „Wir wissen, dass die heutige Sahara nicht immer ein solches lebloses Sand- und Felsmeer war wie heute“, schrieb er 1934 in seinem Reisebericht „Unbekannte Sahara“. Das brachte ihn in Konflikt mit der Ungarischen Geographischen Gesellschaft, die das Buch herausgab: In einer Fußnote ließ sie darauf hinweisen, dass sie der Theorie von einer einst fruchtbaren Wüste keinesfalls zustimme.

Heute zweifelt dagegen niemand mehr an der feuchten Vorgeschichte der Sahara. Zu eindeutig sind die Beweise, die seit den Tagen der Wüstenpioniere zusammengetragen worden sind: Alte Flussbetten, trockene Seen und sogar Skelette offenbar ertrunkener Menschen belegen, wie wasserreich die größte

Seen, von denen einige enorme Ausmaße erreichten.

So war der Tschad-See – heutzutage von Austrocknung bedroht und nicht viel größer als die Fläche Berlins – damals zu einem gigantischen Binnenmeer angewachsen: Sein Niveau war vermutlich 40 Meter höher als das des heutigen Sees und bedeckte eine Fläche so groß wie Deutschland.

In kurzer Zeit verwandelten sich die Dünenfelder, die sich während der Kaltzeit gebildet hatten, in welliges Grasland. Wüstensand ist, vom Regen durchfeuchtet, erstaunlich fruchtbar – weil der Niederschlag in der Trockenzeit sehr gering war, sind die mineralischen Nährstoffe des Bodens nicht ausgewaschen.

Zunächst überzogen Gräser die Dünen, dann Sträucher, schließlich Bäume. Die Vegetation hinderte den Wind, den Sand aufzuwirbeln, und stoppte so die Bewegung der Dünen. In den Mulden zwischen den nun befestigten Sandbergen sammelte sich Wasser.

So entstand in Südwestlibyen aus einem der größten Sandmeere der Zentralsahara eine üppige Seenlandschaft.

Durch das Feuchtbiotop streiften Elefanten, Büffel, Strauße und Leoparden. Auch andere Bewohner hinterließen Spuren: Menschen, die wohl den Tierherden nach Norden gefolgt waren.

Nicht nur im versumpften Sandmeer machten die Jäger und Sammler reiche Beute. Überall in der Sahara, wo es Wasser gab, finden sich Spuren ihrer Siedlungsplätze. Wie Angelhaken und Harpunen aus Knochen bezeugen, gingen sie auf Fischfang. Die Frauen, so zeigen Felsbilder im algerischen Tassili-Gebirge, ernteten Wildgetreide. Zum Zerreiben der Körner nutzten sie Mahlsteine, die vielerorts noch immer aus dem Dünensand ragen. Ihre gebrannten irdenen Gefäße gehören zur ältesten Keramik überhaupt.

Die Ergrünung der Sahara war die Folge leichter periodischer Schwankungen der Erdumlaufbahn und der Erdachse (**Präzession**). Aufgrund dieser Taumelbewegung war vor 16 000 Jahren die Entfernung zwischen Erde und Sonne im Sommer auf der Nordhalbkugel geringer als heute und diese einer intensiveren Sonneneinstrahlung ausgesetzt.

„Dadurch verstärkte sich über Nordafrika der Sommermonsun", erklärt der Hamburger Klimaforscher Martin Claußen, der den Wandel des Wüstenklimas in einem Computermodell nachgebildet hat.

Die sommerlichen Monsun-Regenfälle hängen auch heutzutage mit einem Tiefdruckband zusammen, das sich über den Tropen rund um den Erdball spannt. Diese Zone lässt nicht nur Regenwälder gedeihen – von ihr geht auch eine weiträumige Luftzirkulation aus, die das Klima der Sahara maßgeblich prägt.

Dabei steigt zunächst in Äquatornähe, wo die Sonneneinstrahlung besonders stark ist, warme und feuchte Luft auf. In der Höhe kühlt sie jedoch wieder ab und verliert dabei Feuchtigkeit – dadurch kommt es zu den für die Tropen typischen Regenfällen.

Hoch über dem Tiefdruckgebiet fließt die nunmehr trockene Luft nach Norden und Süden und sinkt einige Grad nördlich und südlich der **Wendekreise** herab. Bei etwa 30 Grad Breite bildet sie stabile Hochdruckgebiete, bevor sie als trockener **Passat** zurück zum Äquator strömt und so den Kreislauf schließt.

Auf diese Weise sind am Rand der Savannengürtel, die den tropischen Regenwald im Norden und Süden begrenzen, große Trockenzonen entstanden, die **Wendekreiswüsten** (siehe Seite 22). Zu ihnen gehört auch die Sahara.

Allerdings ändert sich die Lage des Tiefdruckbandes im Verlauf eines Jahres je nach Sonneneinstrahlung: Ist auf der Nordhalbkugel Sommer, wandert es nordwärts. So kommt es in der halbtrockenen Sahelzone südlich der Sahara, zum sommerlichen Monsunregen.

Auf ähnliche Weise beeinflusste die stärkere Sonneneinstrahlung vor rund 16 000 Jahren die Regengrenze: Sie verschob sich um mehrere hundert Kilometer nach Norden – weit genug, dass große Teile der Wüste ergrünen konnten.

Hugh Clapperton (1788–1827) erreichte 1823 mit Walter Oudney und Dixon Denham nach einer beschwerlichen Sahara-Durchquerung den Tschad-See. Die drei Briten waren die Ersten, die in Europa von diesem einstigen Binnenmeer im Süden der großen Wüste berichteten

Das Idyll währte indes nur einige Jahrtausende. Bohrkerne, vor der Küste Mauretaniens aus dem Ozeanboden gewonnen, deuten auf einen dramatischen Wandel vor etwa 5500 Jahren hin: Innerhalb weniger Jahrhunderte nahm die Menge des Staubes, der aus der Westsahara hinaus aufs Meer wehte, stark zu – ein Indiz für eine rapide Ausbreitung der Wüste.

Die periodischen Schwankungen der Erdumlaufbahn und der Erdachse allein können diesen plötzlichen Umbruch nicht erklären. Vielmehr kam es damals auch zu einer Wechselwirkung zwischen Vegetation und Atmosphäre, wie Martin Claußen mit seiner Simulation bestätigt hat: „Als der Regen nachließ, ging die Pflanzendecke zurück – und das hatte wiederum Einfluss auf den Niederschlag.“

Der dünnere Bewuchs hatte zur Folge, dass die Sahara immer heller wurde – und somit mehr Sonnenlicht reflektierte. Diese stärkere Rückstrahlung wirkte sich auf die atmosphärische Zirkulation über Nordafrika aus: Die Luftmassen über der Wüste kühlten sich stärker ab.

Das führte schließlich zu einem verstärkten Absinken der Luftmassen. Es entstanden weniger Regenwolken, die Vegetation ging noch weiter zurück. So bewirkte die schwindende Pflanzendecke einen Rückkopplungseffekt, der die Austrocknung noch beschleunigte.

Martin Claußen vermutet, dass es für die nordafrikanische Region nur zwei stabile Zustände gibt: den einer grünen Savannenlandschaft und den einer Wüste. Wie eine Waage kann das Klima schon bei einer kleinen Verlagerung des Gleichgewichts entweder zur einen oder zur anderen Seite ausschlagen.

Vor fünfeinhalb Jahrtausenden war es ein leichter Rückgang der Regenfälle, der das System umkippen ließ – und damit folgenschwere Veränderungen auslöste. In der Sahara sank vielerorts der Grundwasserspiegel.

Zuerst starben die Bäume, dann gingen Sträucher und Gräser ein. Uralte Dünen brachen wieder auf und gaben Sand frei, aus dem der Wind nach und nach eine neue Dünengeneration formte. Seen versalzten und vertrockneten schließlich. Vor allem in der Westsahara vollzog sich dieser Umbruch offenbar relativ schnell.

Gustav Nachtigal (1834–1885) erforschte 1869 als erster Europäer das Tibesti-Gebirge im Tschad und drang später bis in das Herz Afrikas vor. Auf die Informationen des Berliner Arztes stützte sich später die deutsche Kolonialpolitik in Afrika

Was sich mehrere tausend Kilometer weiter östlich abspielte, konnte Stefan Kröpelin recht genau rekonstruieren – mithilfe alter Siedlungsspuren. „Denn der Mensch“, so Kröpelin, „ist ein sehr sensibler Klima-Indikator.“ Gemeinsam mit einem Kollegen wertete er die Ergebnisse von 150 Ausgrabungen in Ägypten, Libyen, dem Sudan und dem Tschad aus.

Demnach vollzog sich die Wüstenbildung im Osten schrittweise: Bis vor rund 5300 Jahren lebten Menschen noch tief in den heute trockensten Gebieten. In der Folgezeit verließen sie diese Vorposten nach und nach.

Vor etwa 5000 Jahren gaben sie ihre Siedlungen am Westrand der Großen Sandsee auf. Wie ebenfalls ermittelt wurde, brach damals jene Grasdecke auf, welche die Dünen stabilisiert hatte.

Als der Sand anderswo längst gesiegt hatte, konnten Menschen jedoch noch an klimatisch begünstigten Orten leben – so zum Beispiel auf dem Plateau des Gilf Kebir. „Aufgrund der Höhenlage fiel dort noch Regen“, erklärt Kröpelin.

Ein weiteres Rückzugsgebiet war das Wadi Howar im heutigen Sudan – obwohl der Klimawandel auch dort deutliche Spuren hinterließ. Vor knapp 6000 Jahren herrschte in dem Flusstal, wie Knochen erlegter Tiere gezeigt haben, noch ein erheblicher Artenreichtum. An einem Siedlungsplatz aus jener Zeit fanden sich Skelettreste von Wasserschildkröten, Nilpferden und bis zu vier Meter langen Krokodilen. Zur Beute der Siedler zählten mehr als 20 Fischarten, wovon viele nur in Gewässern mit guter Wasserqualität leben konnten.

Wie die Situation rund 1000 Jahre später aussah, offenbart eine benachbarte Fundstelle: Dort sind nur wenige Fischknochen gefunden worden, die zudem ausschließlich von robusten Spezies wie dem Afrikanischen Raubwels stammen. Dieser Fisch übersteht hohe Wassertemperaturen und Salzkonzentrationen und kann auch außerhalb des Wassers atmen. Offenbar waren die Seen zu diesem Zeitpunkt bereits zu brackigen Tümpeln geschrumpft.

Doch selbst in dieser zunehmend unwirtlichen Umgebung konnten Menschen lange Zeit noch zurechtkommen. Denn sie hatten mittlerweile eine neue Lebensweise angenommen: Sie waren zu Hirten geworden, die mit ihren Herden von einer Wasserstelle zur nächsten zogen. Und so stammte die überwiegende Mehrzahl der an der zweiten Fundstelle entdeckten Knochen von Rindern.

Schon ein leichter Rückgang der Regenfälle brachte das fragile System zum Kippen und löste folgenreiche Veränderungen aus

In der Folgezeit aber fiel auch in den letzten Rückzugsgebieten wie dem Gilf

Verwitterung und fräsender Wind haben aus dem Plateau Tassili du Hoggar im Süden Algeriens einen Skulpturenpark modelliert. Aus dem Sand, der über Jahrtausende bei der Erosion des Plateaus angefallen war, bauten sich die Dünen der Zentralsahara auf

Kobaltblau leuchtet der Marmor der »Montagnes Bleues« im Norden Nigers, der sich aus den Kalksedimenten eines längst verschwundenen Ozeans gebildet hat. Bestimmte Gesteinskristalle reflektieren vor allem die »blauen« Wellenlängen des einfallenden Lichts

Gerhard Rohlfs (1831–1896) stammte aus Bremen. Er ging als Arzt nach Nordafrika und erschloss bei mehreren Forschungsreisen weite Teile der Sahara. 1879 konnte er als erster Europäer bis zu den Kufra-Oasen in der Libyschen Wüste vordringen

Kebir immer seltener Regen. Viele Nomaden wichen ins Niltal aus – und haben dort womöglich den Aufschwung der pharaonischen Kultur eingeleitet. Andere Hirten blieben in der Wüste und wurden schließlich in den Oasen im Südwesten des heutigen Libyen sesshaft.

Hier entstand vor etwa 2500 Jahren die Kultur der Garamanten. Dieses Volk baute Getreide, Wein und Oliven an, errichtete Tempel und grub kilometerlange Bewässerungstunnel. Erst um 500 n. Chr. brach ihre Zivilisation zusammen – offenbar war es da endgültig zu trocken geworden.

Die Dürre, der sogar diese Menschen schließlich weichen mussten, hält bis heute infolge eines ungewöhnlich stabilen Trockenklimas an.

Zum einen resultieren aus der Wendekreislage der Sahara geringe Niederschlagsmengen. Der Passat sorgt für wolkenfreien Himmel und Sonnenscheinrekorde – im Schnitt brennt das Gestirn bis zu elf Stunden täglich auf den Wüstenboden herab. Länger als irgendwo sonst auf der Erde. Zum anderen wirken in der Sahara jene drei Faktoren, die auch anderswo dafür sorgen, dass sich Wüsten bilden:

- In den inneren Regionen der Sahara verstärkt deren Binnenlage die Trockenheit: Hierher dringen aufgrund der Entfernung zu Meeresküsten kaum noch Regenwolken vor. Gebiete, die austrocknen, weil sie für die feuchten Winde nicht mehr erreichbar sind, nennen Forscher **Kontinentale Inlandwüsten** (siehe Seite 22). Die innere Sahara ist Wendekreis- und Kontinentalwüste zugleich. Und daher extrem trocken.
- Im Nordwesten der Sahara, in Marokko, schirmt das Atlas-Gebirge das Landesinnere von feuchter Mittelmeerluft ab. Auf der küstenabgewandten Seite des Atlas ist daher eine **Regenschatten-** oder **Reliefwüste** entstanden.
- An der Atlantikküste kühlt der kalte Kanarenstrom Luft massen, die daraufhin einen Teil ihrer Feuchtigkeit als Nebel absondern. Zugleich aber verhindert die entstehende kalte Luftschicht die Bildung von Niederschlägen. Obwohl es in einer solchen **Küstenwüste** kaum regnet, spendet der Nebel so viel Feuchtigkeit, dass sich eine im Vergleich zur restlichen Sahara geradezu üppige Pflanzenwelt erhalten kann.

Im Inneren der Sahara, wo es keine nennenswerte Vegetation gibt, ist das Land dagegen der Erosion schutzlos ausgesetzt. Während der Boden in feuchteren Gebieten von Wasser und Wurzelwerk zusammengehalten wird, verliert der trockene Wüstengrund laufend Substanz – so durch den Wind.

Weil er feine Sandkörner mit sich führt, entfaltet er eine beachtliche Fräswirkung: Das zeigen bis zu neun Meter hohe Höcker nahe der ägyptischen Oase Kharga, die der Passat aus den Ablagerungen eines vor etwa 4000 Jahren ausgetrockneten Sees herausgearbeitet hat. Pro Jahrtausend muss er demnach im Schnitt mehr als zwei Meter Sediment rund um die verbliebenen Skulpturen weggeblasen haben.

Die Wasserknappheit machte vor 5000 Jahren aus Jägern und Sammlern nomadische Hirten

Stärker noch als der Wind hat indes Wasser die Sahara verändert: Es schnitt die Täler ein, die jetzt als Wadis die Wüste durchziehen. Es schwemmte Kies und Sand in die Ebenen – das Material, mit dem scheinbar endlose Flächen bedeckt sind. Und obwohl Wasser an der Oberfläche schnell verdunstet, ist es nicht völlig verschwunden. Ein Teil davon hat bis heute in unterirdischen Speichern überdauert.

Tief im Wüstengrund verbergen sich die ältesten datierten Süßwasservorkommen der Erde: Analysen haben ergeben, dass sie bis zu einer Million Jahre alt sind. In mehreren gewaltigen, mit porösem Gestein gefüllten Becken lagern schätzungsweise 400 000 Kubikkilometer Wasser – theoretisch genug, um die gesamte Sahara mehr als 40 Meter hoch zu überfluten.

Unterirdische Schätze wie diese versorgen nicht nur Oasen. Sie speisen auch seltene Seen wie die von Ounianga

Théodore Monod (1902–2000). Der französische Naturforscher begann in den 1920er Jahren, Fische und Krokodile in den Seen des Hoggar-Gebirges zu erforschen – und wurde zu einem der herausragenden europäischen Kenner der Sahara

Wie eine Lagune liegt der Salzsee Umm al-Maa zu Füßen der Dünen in Südlibyen. Die »Mutter des Wassers« – so die Übersetzung des Namens – zählt zu den Mandara-Seen, die unterirdisch gespeist werden und bei niedrigem Grundwasserspiegel völlig verschwinden können

Serir im nördlichen Tschad – sie künden von der einst gewaltigen Ausdehnung des Mega-Tschad-Sees. In diesen von Dünen umringten Gewässern leben, seit Jahrtausenden genetisch isoliert, noch immer Fisch- und Schneckenarten aus der letzten Feuchtphase der Sahara.

Bei Grabungen ist Stefan Kröpelin auf ihre versteinerten Vorfahren gestoßen: Die Fossilien waren eingebettet in die Sedimente des früheren Seebodens.

Obwohl diese Seen seit über 3000 Jahren der extremen Trockenheit trotzen, ist ihre unterirdische Quelle nur scheinbar unerschöpflich: Ähnlich wie Erdöl lässt sich das verborgene Wasser, dessen Speicher zum letzten Mal vor Jahrtausenden nachgefüllt worden ist, nur ein einziges Mal fördern (siehe Seite 132).

Und bis neuer Regen die verborgenen Wasserspeicher auffrischt, könnte einige Zeit vergehen: Die Schichtung fossiler Ablagerungen in der Libyschen Wüste lässt vermuten, dass es dort in der Vergangenheit etwa alle 100 000 Jahre zu einer Feuchtphase gekommen ist. Sollte es bei diesem Rhythmus bleiben, wäre die nächste Ergrünung der Sahara erst in rund 90 000 Jahren zu erwarten.

Spätestens dann könnten in den Trockentälern des Gilf Kebir, wo der Wüstenforscher Graf Almásy auf der Suche nach der Oase Zarzura fast verdurstet wäre, wieder Flüsse strömen. Vielleicht würden dann auch Giraffen, Strauße und andere Tiere zurückkehren – all jene Arten, deren Spur der Ungar nur als verwitterte Zeichnungen im „Tal der Bilder" vorgefunden hat.

Womöglich aber wandelt sich diese Region schon deutlich früher – nämlich durch Nachhilfe des Menschen. Denn die Erderwärmung infolge des Klimawandels, den die Menschheit mitverursacht, könnte dazu führen, dass über Teilen der Sahara wieder mehr Regen fällt.

„Direkt vor der ‚Höhle der Schwimmer' gibt es eine Felssenke, in der sich das Wasser früher metertief gesammelt hat", erzählt Stefan Kröpelin. Und sollten sich die Prognosen mancher Klimaforscher bewahrheiten, könnte es im Bildertal bald schon zu gelegentlichen Regengüssen kommen.

Einige davon wären möglicherweise stark genug, die Steinwanne vorübergehend wieder in ein Schwimmbecken zu verwandeln. □

MEMO | SAHARA

- **VOR 440 MILLIONEN** Jahren bedeckte ein gewaltiger Gletscher Teile der Sahara.
- **DAS ERSTE MAL** wurde die Sahara vor 2,5 Millionen Jahren zur Wüste, seither wechseln sich trockene und feuchte Phasen ab.
- **DIE ERGRÜNUNG** der Sahara war Folge einer leichten Änderung der Erdumlaufbahn und der Neigung der Erdachse.
- **FRÜHERE REGENFÄLLE** haben teilweise als fossiles Grundwasser überdauert.
- **UNTER DER SAHARA** liegen die weltweit ältesten datierten Süßwasservorkommen.

Martin Paetsch, 36, ist Wissenschaftsjournalist in Hamburg und schreibt regelmäßig für GEOkompakt. Fachliche Beratung: **Prof. Dr. Helga Besler** vom Geographischen Institut und **Dr. Stefan Kröpelin** von der Forschungsstelle Afrika der Universität Köln.

Das Werk, das Wissen zum Erlebnis macht,

Es ist eine der erfolgreichsten Veröffentlichungen dieses Jahres. Es ist eine der bemerkenswertesten Wissenssammlungen. Und es wird fortgesetzt: das GEO Themenlexikon. Dieses einmalige Werk präsentiert Ihnen die Welt des Wissens fesselnd wie noch nie. Über 132.000 Stichwörter und Fakten werden ergänzt durch beeindruckende Bilder sowie Beiträge und Reportagen renommierter GEO-Redakteure. Gegliedert nach großen Themen, von Astronomie bis Literatur, liefert das

Bitte Bestellnummer angeben:
Band 1–20 für 299,– € (553185), Band 21–35 als Folgebestellung für 199,– € (553186), Band 21–35 als Erstbestellung für 220,– € (553184).

15 NEUE BÄNDE!
AB 19.10. IM HANDEL
GEO Themenlexikon
Archäologie
21
Hochkulturen, Grabungsstätten, Funde
A–Kep
*14 Cent/Min. aus dem Festnetz der Deutschen Telekom.
JETZT EDITION 2 (BAND 21–35) KOMPLETT ERWERBEN UND BIS ZU
69,50 € GEGENÜBER DEM EINZELBANDKAUF SPAREN!

Grüne Zeiten in der Namib

Oft sparen oder horten sie jahrelang Wasser, harren fast verdorrt oder nur als Samen aus. Doch wenn es dann regnet, beginnen Wüstenpflanzen in rasantem Tempo zu keimen, zu wachsen und zu blühen

Text: Rainer Harf

Köcherbäume speichern in ihren dicken, kegelförmigen Stämmen und Blättern Wasser. Zusammen mit der Herden-Wolfsmilch bilden sie vor allem auf felsigen Böden ausgedehnte Bestände – so um den Fish River Canyon in Süd-Namibia

Am 25. März des Jahres 2000 wird die Hamburger Botanikerin Berit Hachfeld Zeugin eines Jahrhundertereignisses. Wie in jedem Jahr untersucht sie um diese Zeit die Verbreitung von Pflanzen in der zentralen Namib, einer der trockensten Regionen der Erde.

Doch diesmal sind es nicht Hitze, Sand oder Wind, vor denen ihr Team seine Ausrüstung in Sicherheit bringen muss. Vielmehr überfluten Wassermassen die Senke, in der die Messgeräte gelagert sind.

In der Küstenstadt Swakopmund am Atlantik fällt an jenem Tag in wenigen Stunden mehr Regen als im gesamten Jahrzehnt zuvor. Auch im Landesinneren prasselt derart viel Wasser auf den dürren Boden, dass der Swakop, einer der großen **Trockenflüsse*** des Landes, zu strömen beginnt und sich erstmals seit Jahren wieder ins Meer ergießt.

Nur drei- bis viermal im Jahrhundert senkt sich ein solcher Segen auf die Namib herab. Für die Regenarmut sorgt die niedrige Temperatur des Atlantiks, an den diese Wüste im Südwesten Afrikas über eine Länge von 2000 Kilometern grenzt.

Denn hier quillt kaltes Tiefenwasser empor und kühlt die darüber liegende Luft ab. Von Land her weht ein warmer, trockener Wind in Richtung Meer, legt sich auf die kalte Luftschicht und verhindert auf diese Weise, dass deren Feuchtigkeit aufsteigen und zu Regen kondensieren kann.

Zudem regnen sich über dem Land die meisten Wolken bereits am südafrikanischen Hochplateau sowie östlichen Gebirgsketten ab. Die dann trockene Luft strömt an den Berghängen herab, erwärmt sich dabei und fegt als heißer Fallwind über die Wüste.

Dennoch hat sich in der „großen Leere“ – wie die Namib in der Sprache der Nama, ihrer ursprünglichen Bewohner heißt – eine vielfältige Flora entwickelt. Allein in der zentralen Namib, wo Berit Hachfeld arbeitet, wurden bislang mehr als 400 Pflanzenarten entdeckt. Viele von ihnen gedeihen nirgendwo sonst und gehören zu den skurrilsten Gewächsen der Welt. Manche verharren jahrelang unter der Erde, andere imitieren Steine, um sich vor Fraß zu schützen, oder bekleben sich zum Schutz vor Sandstürmen mit Sand.

„In dieser vermutlich ältesten Wüste der Welt“, sagt der Botaniker und Wüstenforscher Norbert Jürgens von der Universität Hamburg, zu dessen Team Berit Hachfeld gehört, „hatten die Pflanzen viel Zeit, sich den harschen Lebensbedingungen anzupassen.“

Anders als Tiere können Pflanzen nicht aktiv auf Wassersuche gehen. Haben sie Wurzeln geschlagen, sind sie an ihren Standort gebunden. Wüstengewächse haben daher erstaunliche Strategien hervorgebracht, um jeden Tropfen Wasser optimal zu nutzen und auch ungewöhnlich lange Dürrezeiten zu überstehen.

Zum Schutz vor Verdunstung verkleinern sie beispielsweise ihre Oberfläche, überziehen ihre Blätter mit einer dicken Wachsschicht oder reduzieren sie gar zu Dornen.

Sukkulente Pflanzen (lat. *succulentus* = saftig), etwa Kakteen und Wolfsmilchgewächse, nutzen darüber hinaus Stamm, Blätter oder Wurzeln als Wasserspeicher. Wieder andere erschließen sich mit tief reichenden Wurzeln unterirdische Wasserreservoire.

Einjährige Pflanzenarten bilden während der Regenzeit Samen aus, die Tro-

> Da die Namib die vermutlich **älteste aller Wüsten** ist, hatten die Pflanzen viel Zeit zur Anpassung

* Blau hervorgehobene Begriffe werden im Glossar ab Seite 150 näher erklärt.

Ohne die gelbe Blüte wären diese Gebilde kaum als Pflanzen zu erkennen. Die »Lebenden Steine« sind dank ihrer Tarnung gut vor Fressfeinden geschützt. Der größte Teil ihres Körpers befindet sich im Boden

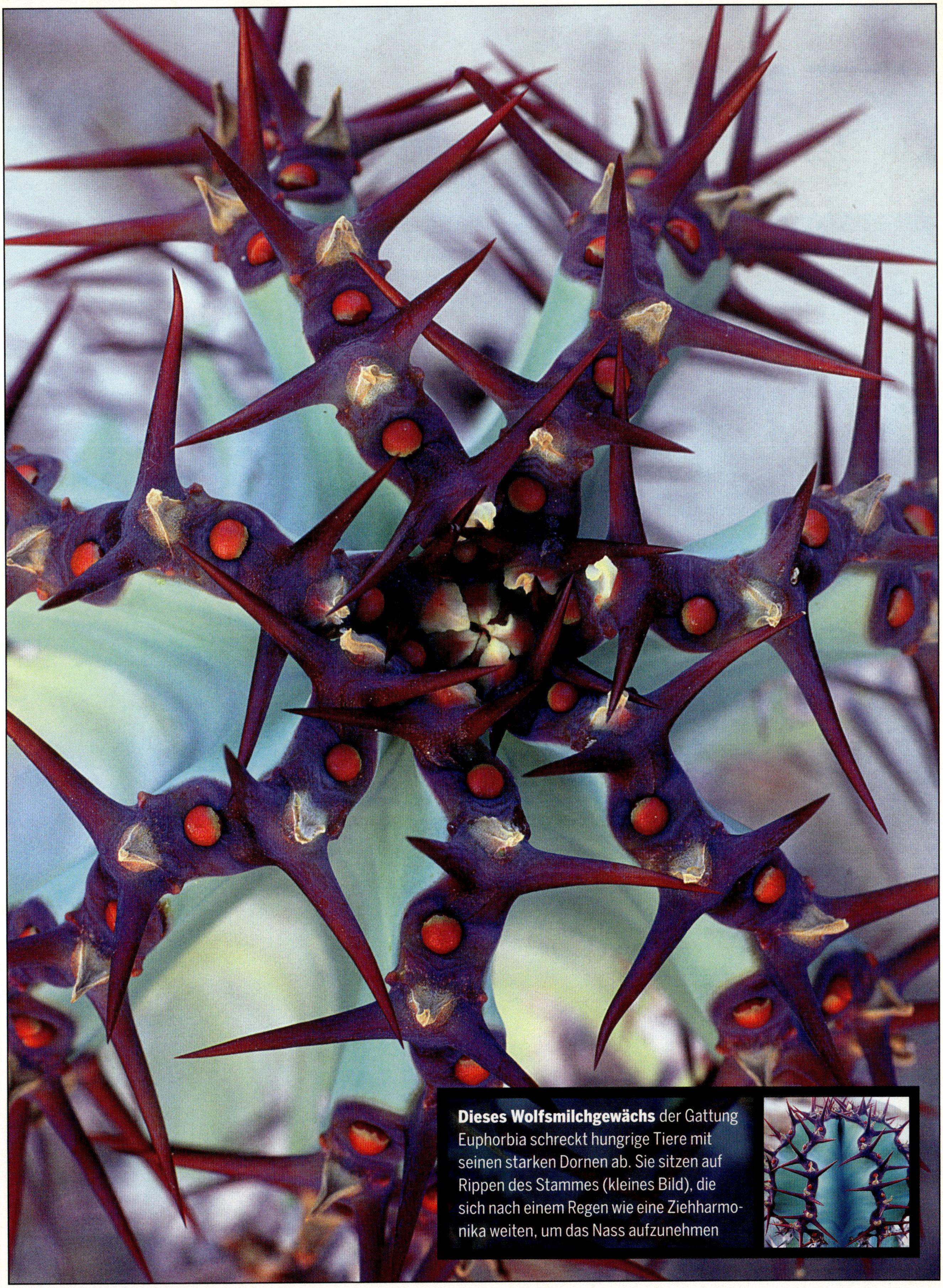

Dieses Wolfsmilchgewächs der Gattung Euphorbia schreckt hungrige Tiere mit seinen starken Dornen ab. Sie sitzen auf Rippen des Stammes (kleines Bild), die sich nach einem Regen wie eine Ziehharmonika weiten, um das Nass aufzunehmen

Bis zu 2000 Jahre alt wird *Welwitschia mirabilis.* Aus ihrem kurzen Stamm, hier von Sand bedeckt, sprießen harte, große Blätter, die an ihren Enden schließlich absterben und von der Mitte aus langsam nachwachsen

In bis zu einen Meter hohen Stämmen speichert die einer Kaktee ähnelnde Hoodia Wasser. Nach Regenfällen sprießen handtellergroße Blüten, die wie Aas riechen und Fliegen anlocken

ckenperioden überstehen. Doch auch mehrjährige Sträucher können tolerant gegen Austrocknung sein und erneut ergrünen, sobald Niederschlag fällt.

Denn während einer Dürreperiode kommt ihr Stoffwechsel nahezu zum Erliegen. Die Inhaltsstoffe ihrer Zellen – zum Beispiel Eiweiße – sind sehr widerstandsfähig und nehmen selbst bei extremer Wasserarmut keinen Schaden. Ein kurzer Schauer genügt, um die überdauernden Gewächse wieder zum Leben zu erwecken.

So vermag der Wundertee, ein in der Namib heimischer Zwergstrauch, Jahre staubtrocken zu überstehen. Innerhalb weniger Stunden nach einem Regenguss entfaltet so ein Gestrüpp seine verschrumpelten Blätter, ergrünt und bildet nach wenigen Wochen schließlich Blüten aus, als hätte es nie eine Dürre gegeben.

Nach den gewaltigen Wolkenbrüchen im März 2000 sind es jedoch vor allem kurzlebige Pflanzen (deren Lebenszyklus sich auf weniger als ein Jahr beschränkt), die ihren großen Auftritt in der Namib haben. Binnen weniger Wochen oder Monate keimen sie, blühen und produzieren Myriaden von Samen, welche die kommende Trockenheit überleben und die Entstehung neuer Generationen ermöglichen.

Abermillionen trockener Grassamen haben vor dem großen Regen im Schotter verharrt und treiben nun ihre Wurzeln in den feuchten Boden.

Nach nur drei Wochen überzieht ein kniehoher grüner Teppich die Dünenhänge und Kiesflächen insbesondere am Ostrand der Namib. Bald beginnen die Gräser zu blühen – so, als hätte sich eine silbrig glänzende Schneedecke über den Wüstenboden gelegt.

Nahe der Küste schießen anstelle der Gräser unzählige grotesk anmutende fleischige Gewächse aus dem salzigen Sandboden. Es sind Mittagsblumen aus der Familie der Eiskrautgewächse, deren Samen Jahrzehnte im Boden überdauert haben. Ihre wurstförmig aufgequollenen Blätter sind prall mit Wasser gefüllt.

Köcherbäume reflektieren dank heller Färbung die sengenden Sonnenstrahlen. Die im südlichen Afrika heimischen Pflanzen werden bis zu acht Meter hoch

Bei Dickblattgewächsen wie *Cotyledon orbiculata* bewahren die fleischigen Blätter Feuchtigkeit. Eine silbergraue, Licht reflektierende Wachsschicht verringert den Wasserverlust und wirkt gegen Überhitzung

Wo in den Jahren zuvor gerade einmal einige wenige Mittagsblumen auf einem Hektar wuchsen, zählt Berit Hachfeld nun pro Quadratmeter bis zu 1000 Keimlinge.

Wie zahlreiche andere einjährige Sukkulenten nehmen sie fast 90 Prozent ihres Körpergewichts an Wasser auf und bilden in den ersten Wochen nach dem Regen dicke rot-grüne Blätter und Stängel. Ihr Körper dient ihnen als Wasserspeicher: Das mindert ihre Abhängigkeit von dem Regenwasser, das auf dem Boden schnell verdunstet oder abfließt. Und auf diese Weise gelingt es den Mittagsblumen, ihr kurzes Leben um wenige Wochen zu verlängern – die entscheidenden, in denen sie eine Vielzahl von Samen bilden.

Kurze Zeit später bieten die Eiskrautgewächse ein gänzlich anderes Bild: Ihre verdorrten Wurzeln und ihre vertrockneten Blätter liegen auf dem sandigen Erdreich. Nur rötlich verdickte Keulen an den dürren Stängelenden lassen darauf schließen, dass die Pflanzen noch leben (ihretwegen nennt man diese Gewächse auch „Bloody Fingers").

Viele Pflanzen der Namib nutzen den Nebel, der von Mai bis September in die Wüste zieht, als Feuchtigkeitsquelle

„Was auf den ersten Blick wie ein Unglücksfall aussieht, ist in Wirklichkeit der Höhepunkt eines erfolgreichen Lebens", erklärt Norbert Jürgens. Denn bei den „blutigen Fingern" handelt es sich um die Kelchblätter dieser Organismen, zwischen denen sich ihre Blüten, also die Fortpflanzungsorgane, bilden.

„Diese Pflanzen haben ihr Flüssigkeitspolster verlagert und das Wasser aus Wurzeln und den Stängeln in die Kelchblätter ihrer Blüten gepumpt." Die roten Farbstoffe schützen das Gewebe ähnlich wie Sonnencreme die Haut vor der UV-Strahlung.

Ein paar Kilometer landeinwärts entdeckt Berit Hachfeld in diesen Wochen

Tsamma ist ein Kürbisgewächs mit bitteren, straußeneigroßen Früchten. Nach längerer Dürre stirbt der oberirdische Spross ab. Nur der Wurzelstock überlebt und treibt nach dem nächsten Regen wieder aus

merkwürdige Gebilde, die aus dem Wüstenboden brechen: gräulich marmoriert, nur wenige Zentimeter breit und flach wie Kiesel. Es sind die dickfleischigen, nun prall mit Wasser gefüllten Blätter von „Lebenden Steinen".

Auch diese Pflanzen vermögen über Jahre der Trockenheit standzuhalten und werden oft von Sand überdeckt. Bei manchen dieser Arten ist die Blattoberseite lichtdurchlässig. So können die Sonnenstrahlen bis in den unterirdischen Pflanzenkörper dringen, wo die **Chloroplasten** sitzen – jene Körperchen, die Sonnenlicht bei der **Photosynthese** in chemische Energie umwandeln.

»Bloody Fingers« heißt dieses Eiskrautgewächs wegen seiner prallen rötlichen Blätter. Das Wasser darin wiegt zehnmal mehr als die Pflanze selbst

Erst etwas später geben die Lebenden Steine ihre Camouflage preis: Im Mai treiben sie honiggelbe Blüten aus und sprenkeln die Landschaft mit leuchtenden Farbtupfern. Bald schon reifen aus den Blüten graubraune Früchte heran – steinharte Kapseln, die bis zu 500 staubfeine Samen beherbergen. In der Regel vergehen nun etliche Jahre bis zum nächsten Regen. Doch dann sorgt ein komplexer Mechanismus dafür, dass sich die Kapseln bereits bei den ersten Tropfen öffnen und die Samen aus ihrem Depot gespült werden.

Mitte Mai: Wie in jedem Jahr zieht von nun an bis September allmorgendlich Nebel von der Küste 50 oder mehr Kilometer in die Wüste hinein. Das unterscheidet die Namib von den meisten anderen Wüsten, und so bietet sich hier den Lebewesen eine zusätzliche Feuchtigkeitsquelle, die auch viele Pflanzen nutzen.

Flechten etwa überziehen in der Nebelzone beinahe jeden verwitterten Stein. Morgens lässt der Seenebel diese wurzellosen Partnerschaften aus Pilz und Alge auf mehr als das Doppelte ihres Trockengewichts aufquellen. Gegen Mittag ist das gesamte Wasser in den Flechten über deren Poren verdunstet – doch diese kurzen Wachstumsintervalle haben über die Jahre mehr als vier Quadratkilometer große Felder von Flechten hervorgebracht.

Selbst höhere Pflanzen haben sich im Laufe ihrer Evolution zu Nebelsammlern entwickelt – so ein Seidenpflanzengewächs der Gattung Asclepias, die zu den Hundsgiftgewächsen gehört. Die gut zwei Meter hohen, glatten Stängel dieses mehrjährigen Strauches stehen dicht nebeneinander und kämmen wie ein großer Rechen die Feuchtigkeit aus der Luft. Wassertröpfchen perlen von ihnen ab, versickern im Boden und werden dort sofort von einem dichten Wurzelwerk aufgesaugt.

Einen noch raffinierteren Mechanismus nutzt ein etwa kniehoher Strauch: die Bleistiftpflanze. Ihre blattlosen grünen Sprosse sind mit feinen Rillen überzogen, an deren Grund die Spaltöffnungen liegen – jene Organe, über die Pflanzen den Gasaustausch mit ihrer Umwelt regulieren. Kommt Nebel auf, kämmen die Zweige die Tröpfchen aus der Luft und leiten sie über die Spaltöffnungen in die Pflanze, die das Wasser langsam in den Stamm und in die Wurzel im trockenen Boden transportiert.

Allmählich kehrt die Namib im September zu ihrem Erscheinungsbild vor der vegetativen Explosion zurück. An ihrem Ostrand überziehen unter der Sonne vertrocknete Gräser die Ebenen mit strohgelben Stoppeln. Andere einjährige Pflanzen haben ihren Lebenszyklus bereits beendet und die Samen der nächsten Generation im Boden eingelagert.

Nur die mehrjährigen Gewächse müssen der trockenen Luft und den heißen Winden trotzen, die nun über das Land jagen. Mancherorts schmirgeln die Stürme den Boden regelrecht ab. Dagegen haben Vertreter der Gattung Psammophora eine ausgeklügelte Technik entwickelt: Jung scheiden sie eine klebrige Schicht auf ihrer empfindlichen Oberfläche ab, an der Sandkörner haften bleiben. Mit der Zeit härten diese aus und umhüllen Blätter und Stängel mit einem Panzer.

Viele ausdauernde Gewächse gedeihen an felsigen Standorten, wo sie gleichsam der Wüste entfliehen. Denn die Felsen wirken wie Regensammler: Selbst wenn gerade mal ein Millimeter Regen fällt, ergibt das bei einem einen Quadratmeter großen Felsen einen Liter Wasser. Manche dieser Pflanzen umarmen daher die Felsblöcke regelrecht mit wuchernden Wurzelnetzen – so säulenartige Wolfsmilchgewächse, deren dickfleischige Seitentriebe wie Kandelaber aufragen. Die Nara dagegen, ein Kürbisgewächs, durchdringt mit ihren bis zu 70 Meter langen Wurzeln die Sandhügel, auf denen sie siedelt. Auch die Bleistiftpflanzen nutzen außer der Nebelfeuchte tief im Boden liegende Flüssigkeitsspeicher.

Aus der Luft betrachtet, durchziehen die Sträucher mancherorts die weite Einsamkeit wie ein Adernetz – und zeichnen so den Verlauf unterirdischer Wasserläufe nach. Biologen sprechen von linearen Oasen, in denen sich die Gewächse größtenteils von den langen Dürreperioden unabhängig gemacht haben.

Allerdings helfen Wolkenbrüche wie der im März des Jahres 2000 auch ihnen. Denn der Regen füllt die unterirdischen Reservoire für die nächsten Jahre gründlich mit Wasser auf. Und der feuchte Boden ermöglicht es den Keimlingen, ihre zarten Wurzeln bis zu den tiefen Quellen auszutreiben.

Obwohl die Natur der Namib nur wenige Regenfälle pro Jahrhundert gönnt, mussten die Wissenschaftler um Berit Hachfeld und Norbert Jürgens bis zum nächsten Wolkenbruch nicht lange warten. Im Februar 2006 zogen über Teilen der Namib erneut gewaltige Gewitterwolken auf. Und lösten wieder eine vegetative Explosion aus: Auf einem Quadratkilometer offenbarte sich ein solcher Reichtum an Pflanzenarten, dass die Hamburger Biologen ihren Forschungsaufenthalt um drei Wochen verlängern mussten, um alle zu erfassen. □

MEMO | WÜSTENPFLANZEN

- ››› **EINE WACHSSCHICHT** und kleine Blattoberflächen mindern die Verdunstung.
- ››› **KAKTEEN** und Wolfsmilchgewächse speichern Wasser in Stämmen, Blättern oder Wurzeln.
- ››› **VIELE FLECHTEN,** aber auch höhere Pflanzen fangen Nebeltropfen auf.
- ››› **MIT BIS ZU 70 METER** langen Wurzeln erreichen Gewächse das Grundwasser.
- ››› **DIE SAMEN** mancher Pflanzenarten überstehen jahrelange Trockenheit.

Rainer Harf, 31, hat als Biologe in Namibia geforscht und schreibt regelmäßig für GEOkompakt.

Mein Freund, der Nomade

Text: Michael Stührenberg; Fotos: Pascal Maitre

Sein Haus ist ein Zelt, sein Schrank ein Ast, und seine Währung sind Ziegen, Schafe und Kamele. Und doch ist er reich. Denn **KALAKOA VOM VOLK DER TUAREG** nennt ein ungeheuer weites Land sein Eigen: das Aïr und die Ténéré im Süden der Sahara. Und die Grenze ist ihm der Horizont

Kalakoa zeigt seinen – beim ersten Besuch der GEO-Reporter noch kleinen – Söhnen, wie man ein Kamel am Maulstrick sicher über steile Dünen führt. Viehzucht und Karawanenhandel sind seit Jahrhunderten die Grundpfeiler der Nomadenwirtschaft in der Südsahara

Seit Jahren habe ich einen Freund, der ist Nomade im Süden der Sahara. Kalakoa, vom Tuareg-Clan der „Kel Tedele". Der Name bedeutet „Die vom Rande". Und tatsächlich wohnt mein Freund sowohl am Ostrand des Aïr-Gebirges wie am Westrand der Ténéré-Sandwüste im Norden des Staates Niger.

Ganz genau steht Kalakoas Zelt im Wadi Tiouilmas: in einem rund 60 Kilometer langen Tal, das von Westen nach Osten zwischen Bergen und Geröllfeldern aus schwarzem Granit und Basalt mäandert, bevor es in den gelben Sandozean der Ténéré mündet. Das Wadi ist, außer in Zeiten der Dürre, erstaunlich grün. Akazien, Tamarisken, Wolfsmilchgewächse und eine üppige Buschvegetation erheben sich aus dem sandigen Trockenbett.

Hier und da lässt sich auch spärlicher Grasbewuchs ausmachen. Neben einer solchen schütteren Weide steht gewöhnlich das Zelt der Familie Kalakoa. Mit ihm und seiner Frau Dakoye leben dort zwei unverheiratete Töchter; die übrigen sieben Söhne und Töchter sind erwachsen und nomadisieren mit eigenen Familien. Manche der Kel Tedele leben in Gruppen von 15 bis 20 Personen, die durch die Täler des Aïr ziehen.

Obwohl Kalakoas materielle Ausstattung auf das Notwendigste beschränkt ist, scheint nicht das Geringste zu fehlen. Neben dem Zelt steckt ein glatt geschmirgelter Ast im Sand, der Schrank und Regale ersetzt. Daran hängen Ledertaschen, Plastikbeutel, Kochtöpfe, Kalebassen, eine Petroleumlampe und *guerbas*, Wassersäcke aus Ziegenhaut. Die Wertsachen der Familie, etwa Festkleider und Schmuck, sind in Blechkästen verstaut.

Die Küche? Ein Lagerfeuer zwischen drei Steinen. Holz finden die Nomaden zur Genüge im Wadi: Stämme und Äste von Bäumen, die Opfer der Dürre geworden sind. Nur im Notfall würde ein Nomade einen lebenden Baum fällen.

Neben den Tieren auf entfernteren Weiden tummeln sich in der Nähe des Lagers Ziegen, Schafe, Esel, Hunde und Dromedare. Heulen nachts die Schakale, rückt die Herde näher heran. Manchmal bildet sie einen zitternden Kreis ums Feuer, während Kalakoa sie mit kehligen Rufen zu beruhigen versucht.

Auf Fremde mag das wirken, als hätte der Sündenfall vor dem Wadi Tiouilmas haltgemacht. Als gehörte dieses Tal noch zu jenem Eden, wo Adam und Gottes übrige Geschöpfe behutsam und in derselben Sprache miteinander verkehrten.

Manchmal freilich wird dieses romantische Bild von dem Nomadenidyll schlagartig zerstört. Vor einigen Jahren, im Winter 2005, hat sich Kalakoa mit seiner alten Flinte in den Fuß geschossen. Ein dummer Unfall. Das Gewehr hing an seiner Schulter, als sich ein Akazienzweig, den er auf der Jagd nach Mähnenschafen kurz streifte, am Abzug verhakte. Eine Ladung Schrot verwandelte Kalakoas linken Fuß in einen Klumpen voll zersplitterter Knochen.

Eigentlich müsste er tot sein, denke ich, während Kalakoa neben mir auf dem Rücken seiner Lieblingsdüne sitzt – dort, wo das Wadi Tiouilmas in die Ténéré-Wüste mündet und beigefarbene Sandwogen auf die dunkle Wand des Aïr-Gebirges zurollen. Bis auf das leichte Flattern von Kalakoas Turbanzipfel im Abendwind herrscht völlige Stille.

Seit mich die Nachricht von seinem Jagdunfall erreichte, war ich darauf gefasst, bei unserem Wiedersehen einen Krüppel vorzufinden. Unter seinem blauen Gewand lugt ein Plastikfuß hervor, der die knapp unterhalb des Knies angesetzte Prothese abschließt. Und im Sand liegt eine Metallkrücke. Die zweite habe er ganz hinten im Zelt verstaut.

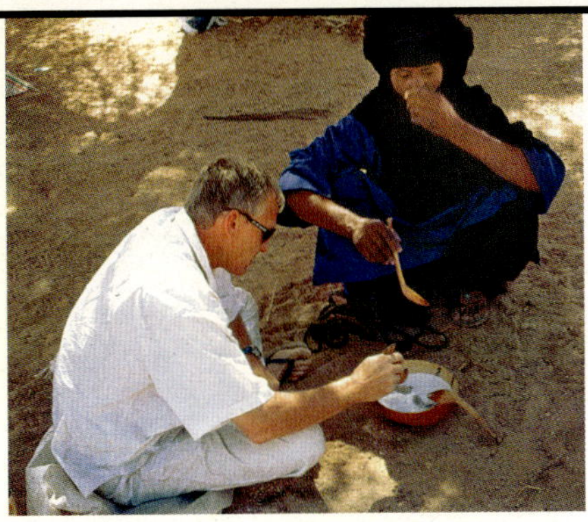

In seinem Lager im Wadi Tiouilmas empfängt der Nomade den GEO-Reporter Michael Stührenberg mit einem Frühstück aus Hirsebrei, zerstampften Datteln und selbst gemachtem Ziegenkäse

Wie hat er nur überleben können? Als der Schuss seinen Fuß zerschmetterte, war er allein in der Bergwildnis, etliche Stunden vom **Wadi*** entfernt. Und bis zu seiner Ankunft im Krankenhaus von Arlit, einer Stadt am Westrand des Aïr, vergingen fünf Tage. Ich an seiner Stelle wäre vor Schmerzen wahnsinnig geworden und hilflos verblutet.

Kalakoas Blick folgt der Abendsonne, die langsam hinter mächtigen Felsen abtaucht. Die Kel Tedele lieben das düstere Aïr-Massiv. Weil sie wissen, in welchen Felsspalten **Gueltas** liegen: natürliche Wasserreserven, die durch Schatten spendende Felswände vor der vollständigen Verdunstung geschützt sind – und die ihnen, sollten sie sich zu weit von den Brunnen entfernen, das Leben retten.

* Blau hervorgehobene Begriffe werden im Glossar ab Seite 150 näher erklärt.

„Ich konnte mir selbst helfen", antwortet Kalakoa, „ich hatte ja das Nötigste dabei: ein Messer und Fett."

Nach dem Unfall habe er ein Feuer entfacht und sein Messer in die Glut gelegt. „Dann nahm ich den Klumpen Kamelfett aus meinem Beutel, hielt ihn über den Fuß und drückte die glühende Klinge so lange auf den Klumpen, bis das Fett in die Wunde tröpfelte. So konnte ich die Blutung rasch stoppen."

Und wie ist er zu einem Arzt gekommen? Sein Reitkamel hatte er an jenem Tag nicht dabei, weil es ihm im Gebirge nichts nützt. Und zu Fuß – mit nur noch einem Fuß! – hätte er den Rückweg zu seinem Zelt nicht bewältigt, sondern wäre wohl auf halber Strecke verdurstet.

„Ich versuchte, meine Nachbarn zu erreichen" – Nomaden wie er selbst, die Kalakoa alle paar Monate mehr oder minder zufällig trifft. Dann setzen sie sich in den Sand, halten sich an den Händen, teilen Tee und Tabak und tauschen Nachrichten über Weideplätze und Brunnen, manchmal auch ein bisschen Wadi-Tratsch. Bis alles Sagenswerte gesagt ist und die Wege sich wieder trennen.

Der Rand der Welt. Wo die Dünen der Ténéré wie die Wogen einer unruhigen See auf die Klippen des Aïr-Gebirges zurollen, ist der Lebensraum der »Kel Tedele« – »Jener vom Rande«

Er habe überlegt, wo sich die anderen Tuareg im Wadi zu dieser Jahreszeit aufhalten könnten. „Ich entschied mich für den Nordosten und humpelte los, mit dem Gewehr als Krücke. Es dauerte vier Stunden, bis ich auf Tagobit stieß."

Ausgerechnet Tagobit, die Witwe, deren loses Mundwerk alle Männer unter Jenen vom Rande mit Schrecken erfüllt!

Seit dem Tod ihres Gemahls vor 40 Jahren zieht sie allein mit ein paar Ziegen durch die Wadis. „Sie ist vom Alter fast blind", berichtet Kalakoa, „deshalb halten sich jetzt doch ein paar Männer in ihrer Nähe auf. Zu meinem Glück, denn die konnten mir helfen. Sie verbanden meinen Fuß und betteten mich im Schatten. Das war dann schon alles."

Ein Wintermorgen: Kalakoa, seine Frau Dakoye und ihr jüngstes Kind wärmen sich am »Küchenfeuer« im Wadi Tiouilmas. Tuareg verbrennen stets Altholz, nur in größter Not fällen sie Bäume. Denn mit jedem Baum verschwindet auch Schatten für Mensch und Tier

Wirklich? Manchmal scheint Kalakoa zu vergessen, aus welch unterschiedlichen Welten wir kommen. Für ihn gelten andere Regeln als für mich. Denn was er nicht durch eigene Kraft erreichen kann, entzieht sich seinem Zugriff.

Abgesehen von der Herde, beschränkt sich sein Besitz auf wenige Habseligkeiten, die er zum großen Teil in einem Kamellederbeutel mit sich trägt. Etwa den selbst geschnitzten Holzlöffel, den er vor jeder Mahlzeit mit seinem Turbantuch säubert. Und ein Stückchen Wolfsmilch-Holz, das nach geduldigem Reiben Glut für ein Feuer spendet. Oder ein mit getrocknetem Kamelkot gefülltes Lederkissen, das sein Bedürfnis an Sitz- und Schlaf-Komfort völlig abdeckt.

Bis zum Untergang ihrer Welt aber wollen Kalakoa und sein Clan durchhalten. Weil sie darin Übung haben. Und das mag auch die einzig plausible Antwort auf die Frage sein, wie Kalakoa es geschafft hat, den Jagdunfall zu überleben: Er hat sich ein Leben lang aufs Überleben spezialisiert. Weil er Nomade ist.

Nun bedeutet Nomadentum in der Wüste nicht nur das Fehlen einer festen Adresse. Vielmehr ist es eine hoch spezialisierte Wirtschaftsform: Die Menschen vom Rande halten permanent Ausschau nach flüchtigen Weiden. Die mal hier, mal dort ergrünen. Je nachdem, wo es gerade so viel geregnet hat, dass das Nass von den Basalt- und Granithängen der Berge hinabrinnen kann in die Wadis, in denen es für wenige Stunden wieder fließt, ehe das versickernde Wasser die im Boden schlafenden Samen erweckt und neues Gras sprießt.

Dann lässt sich dort eine Nomadenfamilie für zwei oder drei Wochen mit ihren Ziegen-, Schaf- und Kamelherden nieder – bis die Weiden erschöpft sind. Also macht sich der Besitzer der Herde auf die Suche nach der nächsten Weide, dem nächsten Lagerplatz, der nächsten Wasserstelle. In der Regel immer im selben Wadi. Weil er weiß, wo er wann noch Gras für die Herde finden kann.

Wer im Aïr nicht ständig umherzieht, dessen Herden verhungern. Und wer keine Herden mehr besitzt, der verliert seinen Anspruch auf einen Platz in der Welt am Rand.

Dieses seit Ewigkeiten gültige Gesetz bestimmt schon die Erziehung der Nomadenkinder. Als größte erstrebenswerte Tugend gilt die Ausdauer. Kalakoa, der nach Angaben seiner Mutter „in dem Jahr zwischen der Dürre und der Heuschreckenplage“ (vermutlich 1940) geboren wurde, hat seine ersten sechs Lebensjahre, wie alle Kinder, völlig nackt im Wadi zugebracht.

So lernte er, der Kälte standzuhalten: im Januar, wenn es manchmal friert. Und der Hitze zu trotzen: im Juni, wenn es tagsüber im Schatten 48 Grad Celsius heiß wird und in der Sonne 70 Grad.

Nur ein Vokal unterscheidet die Wörter **AMAN** und **IMAN**, die in der Sprache der Tuareg »Wasser« und »Leben« bedeuten

Und ständig wird Kalakoas Existenz bedroht: wenn nicht durch pures Pech wie bei diesem Jagdunfall, dann durch die Unberechenbarkeit eines Klimas, das jeden Gedanken an eine planbare Zukunft ausschließt. Was kann schon materielle Sicherheit für einen nomadischen Viehzüchter bedeuten? Kalakoas Herde, derzeit 30 Kamele, 40 Ziegen und 30 Schafe, ist nur so viel wert wie seine Fähigkeit, sie lebend durch die nächste Dürre zu bringen. *Aman* und *iman* – nur ein Vokal unterscheidet in der Tuareg-Sprache die Wörter für Wasser und Leben. Weil das eine das andere bedingt.

Und irgendwann, das fürchtet Kalakoa, wird vielleicht eine Trockenheit kommen, der niemand mehr standhalten kann. Weil sie die grünen Wadis verbrennen und die Grenze der Sandwüste um viele Kilometer nach Süden verlagern wird. Es ist schon nach den letzten Dürrezeiten jedes Mal schlimmer geworden. So hatte es vor der Trockenheit von 1972/73 im Aïr noch Rinderherden gegeben. Heute wächst dort auch in guten Jahren nicht mehr annähernd genug Gras, um Kühe zu ernähren.

Und nach der nächsten Dürre wird es vielleicht auch für Schafe und Kamelherden nicht mehr reichen.

Nichts ist den Wüstennomaden wertvoller als ihre Dromedare. Denn als Reit- und Lasttiere sind sie unverzichtbar. Dromedare sind das Kapital des Besitzers, die Basis seiner Existenz. Vor allem aber spiegeln die Tiere seinen Wert – als Züchter wie auch als Mensch

Zähigkeit hilft auch im Kampf gegen Krankheiten wie Gelbsucht und Malaria; oder gegen das hohe Fieber nach Skorpionstichen.

Wurde er krank, konnte Kalakoa niemals auf mehr hoffen als auf ein Trostwort seiner Mutter und eine Arznei seines Vaters: oft ein Gemisch aus Kautabak, zerstampften Heilpflanzen und gemahlenem Stein, das die Nomaden auch kranken Kamelen gegen Fieber verabreichen; oder es halfen Tees, Salben und Kräuter.

Die oberste Verhaltensregel für Nomadenkinder lautet folglich: Erdulden! Nie klagen! Und bloß nicht um Nahrung oder Wasser bitten! Denn solange es irgend möglich ist, sorgen die Eltern

Natürlich erhielt Kalakoa auch Unterricht in Wasserwirtschaft. Jeden Tag musste der Junge die Esel zum Brunnen führen und die Guerbas mit Wasser für den Zelthaushalt füllen. Auch die Kamelherde hat er am Brunnen getränkt. Stundenlang schöpfte der Junge das Wasser und goss es in eine rostige Blechwanne vor die durstigen Mäuler der Tiere.

Und nach jeder Regenzeit, wenn der alte Brunnen im Boden des Tales bis zum Rand verschlammt war, half Kalakoa seinem Vater, einen neuen zu graben.

Mit einem Stück Eisen hackten sie dann ein 15 Meter tiefes Loch in die Erde und ließen den Abraum von Kalakoas jüngeren Geschwistern in die Höhe ziehen. Zwei Wochen dauerte diese Schufte-

ten. Darauf hatte der Junge sehnsüchtig gewartet. Denn die Abenteuer, von denen die Männer abends am Lagerfeuer im Wadi erzählen, spielen immer in der Ténéré. Dort, in der gnadenlosen Sandwüste, muss der Nomade genau die gleiche Ausdauer zeigen wie seine Kamele.

dafür, dass ihre Kinder ausreichend zu essen und zu trinken haben. Ein Kind würde sie also beschämen, wenn es in Zeiten des Mangels etwas zu erbetteln versuchte, was es ohnehin nicht gibt.

Zur Verantwortung der Eltern zählt zudem, kein weiteres Kind in die Welt zu setzen, bevor nicht ihr Jüngstes bei den Wanderungen ohne Hilfe auszukommen vermag. Denn eine stillende Mutter auf dem Eselsrücken könnte sich nicht gleichzeitig um ein zweites Kind kümmern. Deshalb beträgt der Altersabstand zwischen den Kindern einer Tuareg-Familie zumeist mindestens drei Jahre.

Mit sieben Jahren ging Kalakoa bei seinem Vater in die Lehre. Was tun, damit die Tiere in seiner Herde nicht verhungern? Wie kann er, wird das Gras im Wadi knapp, dennoch für ausreichend Futter sorgen? Etwa, indem er mit einer langen Stange Blätter aus Akazienkronen schlägt und sie auf die nimmersatten Ziegen und Schafe niederregnen lässt. Oder indem er sich genau einprägt, wo im Umkreis von 10, 15, 20 Kilometern immergrüne Salvadora-Sträucher stehen. Und Tamarisken, bewachsen mit Parasitenpflanzen, deren Früchte zur Trockenzeit reifen und für Kamele besonders nahrhaft sind.

Deshalb ähnelt das Gedächtnis eines Nomaden einer Landkarte oder sogar einem höchst präzisen Messtischblatt.

Ein schwarzer Targi, Abkömmling ehemaliger Sklaven. Den Tuareg galt nur der Handel mit Sklaven als anstößig, nicht aber deren Besitz. Nach dem Sklavereiverbot wurden Freigelassene stets in die Clans integriert

rei. In dieser Zeit musste sich die Familie ihr Trinkwasser aus den Gueltas der Aïr-Felsen schöpfen.

Später dann lernte Kalakoa, wie Kamele abzurichten und zuzureiten sind und dass er sie über die Dünen behutsam in einer Diagonale führen muss, denn Kamele mögen keine Sandberge.

Mit elf folgte er erstmals allein den Spuren eines entflohenen Kamels und übernachtete dabei ohne Nahrung in der Wildnis. Nach zwei Tagen fand er das Tier und führte es stolz zum Lager zurück.

Nomadisieren, begriff Kalakoa, ist ein Handwerk, in das ein Lehrling hineinwachsen muss. Seine Prüfung, sozusagen, legte er ab, als er etwa zwölf war.

In jenem Jahr – vermutlich 1952, noch bevor der Staat Niger unabhängig wurde – ließ ihn der Vater erstmals eine Salzkarawane durch die Ténéré beglei-

Anders als die Frauen arabischer Nomadenvölker geht eine Targia unverschleiert. Diese junge Frau hat sich für eine Nomadenhochzeit im Aïr mit Farbe und Stanniol geschmückt

Trotz Lkw und Frachtflugzeug – in vielen Wüsten der Erde hat der Warentransport auf Kamelrücken noch heute zentrale Bedeutung. Im saharischen Süden zum Beispiel ist die Salzkarawane für die Nomaden eine wichtige wirtschaftliche Ergänzung zur Viehzucht: Das Tiersalz aus den Salinen-Oasen der Ténéré ist bei Bauern und Hirten begehrt. Andererseits lohnt die niedrige Profitspanne nicht den Einsatz von Lastwagen. Also wird das Salz wie seit mehr als 600 Jahren mit Karawanen transportiert.

Das beste Salz kommt aus Bilma, einer Oase, so hoffnungslos im Abseits gelegen, dass die Regierung des Niger sie auch als Strafkolonie nutzt und die Gefangenen dort tagsüber frei laufen lässt: Eine Flucht in die Ténéré wäre Selbstmord.

Dutzende von Karawanen – jede im Durchschnitt 80 bis 150, manchmal auch bis zu 500 Tiere stark – ziehen im November oder Dezember die 400 Kilometer vom Ostrand des Aïr nach Bilma.

Nach dem Rückweg durch die Ténéré nehmen die meisten Kamelführer den Weg in den Süden des Landes oder nach Nordnigeria und tauschen dort einen Teil ihrer Salzladung gegen die Hirse der sesshaften Bauern ein. Damit ist das

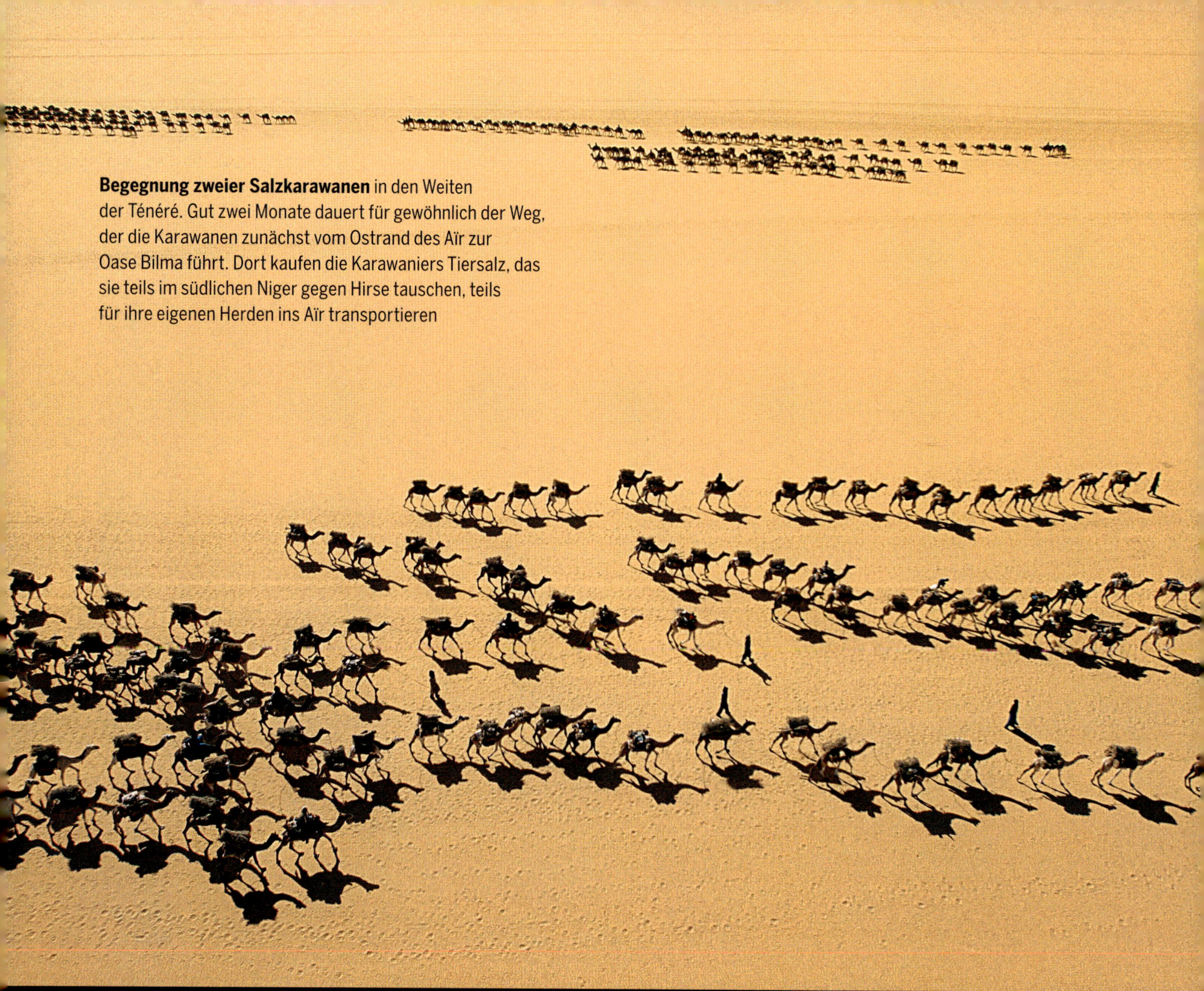

Begegnung zweier Salzkarawanen in den Weiten der Ténéré. Gut zwei Monate dauert für gewöhnlich der Weg, der die Karawanen zunächst vom Ostrand des Aïr zur Oase Bilma führt. Dort kaufen die Karawaniers Tiersalz, das sie teils im südlichen Niger gegen Hirse tauschen, teils für ihre eigenen Herden ins Aïr transportieren

Nur dem, der die **FARBEN DES SANDES** und die Konturen der Dünen nicht zu lesen vermag, erscheint die Wüste immer gleich

Überleben im Wadi gesichert, zumindest für die nächsten Monate.

Als Begleiter bei den Salzkarawanen lernte Kalakoa auch die Fertigkeit der perfekten Orientierung. Denn obwohl eine Karawane gewöhnlich den Spuren vorangegangener Kamele folgt, kommt es vor, dass Sandstürme die Spuren verwischen. Dann muss man seinen Kurs aus Sternen, Wind und Sand abzulesen verstehen.

Ein erfahrener Karawanier erkennt im Stand der Sterne wesentliche Bezugspunkte: Orion zum Beispiel steigt zu Beginn einer Winternacht genau über der Salzoase Bilma auf. Deshalb nennen die Tuareg auch ihn *amanar*, „Karawanenführer". Dort, wo die Sonne über dem Aïr untergeht, steht kurz darauf *atre-in-iti-missra*, der „Stern der unvermählten Frauen". Weitere Wegweiser sind „Sieben Töchter der Nacht" (Plejaden), der „Fliegende Geier" (Kassiopeia) sowie „Kamelstute und Kamelfohlen" (der Große und der Kleine Bär).

Tagsüber kann sich die Karawane am Wellenprofil orientieren, das der Wind in die Sandkruste gefräst hat: Jeder Führer weiß, dass der Wüstenwind in der Ténéré stets aus nordöstlicher Richtung weht. Mit den Jahren prägen sich zudem weitere Details der Wegstrecke nach Bilma ein. Etwa die wechselnde Farbe des Sandes oder die Konturen von Dünenketten. Nur dem, der sie nicht kennt, erscheint die Wüste immer gleich.

Und ständig kontrolliert ein guter Karawanier seinen Kurs anhand des Schattens, den das von ihm am Maulstrick geführte Leittier auf den Wüstenboden wirft. Solange er sich, wie auf dem Hinweg nach Bilma, in west-östlicher Richtung bewegt, ist dies einfach: Am frühen Morgen folgt der Schatten dem Kamel, gegen Mittag verschwindet er unter dem Bauch des Tieres, danach eilt er ihm voraus.

Die Schwierigkeit liegt im Abschätzen der notwendigen Abweichung von der Ost-West-Achse, da Bilma nicht exakt, sondern nur nahezu östlich des „Arbre du Ténéré"-Brunnens liegt, einer wichtigen Wegmarke.

Die Abweichung ist eine Frage von nur wenigen Graden – und eine Frage von Leben und Tod.

Ein alter Karawanier, den ich vor Jahren in der Ténéré traf, erzählte mir die Geschichte von einer Rettung in höchster Not: Nach einem Sandsturm habe ein unerfahrener Führer seine Karawane mit 140 Tieren in die falsche Richtung geführt. Nach wenigen Tagen waren die Wasservorräte aufgebraucht. Da begannen die Männer, den Kamelen die Kehle durchzuschneiden und Blut zu trinken. 50 Tiere wurden auf diese Weise geopfert, bevor der Rest der Karawane einen Brunnen fand.

Als der zwölfjährige Kalakoa damals, drei Monate nach seinem ersten Aufbruch mit einer Karawane, ins Wadi Tiouilmas zurückkehrte, hatte er mehr als 2000 Kilometer hinter sich gebracht. Seither hat er die Ténéré dutzendfach durchquert. So weit die Füße tragen: ein fast mechanisches Marschieren, 14 bis 16 Stunden, von Sonnenaufgang bis nach Sonnenuntergang, ohne Pause.

Drei Tuareg führen die Leitkamele ihrer Karawane durch die Ténéré. Sie transportiert das in dicke Strohballen verpackte Tiersalz. Das mit Lehm vermischte Salz ist zu schweren Kegeln verbacken

Seine Meisterprüfung jedoch besteht ein Nomade erst, wenn er beweist, dass er eine eigene Herde halten und mehren kann. Mit 18 Jahren erhielt Kalakoa von seinem Vater ein Dutzend Ziegen und Schafe und zog allein in einen anderen Teil des Wadi Tiouilmas. Ohne Esel und Kamele, deren Kauf sein nächstes Ziel war.

Ziegen und Schafe sind das „Kleingeld" der Nomaden, sagt Kalakoa. Benötigte er in jenen Jahren etwas vom Markt, nahm er ein Tier und zog nach Iférouane, einer Oase im Aïr-Gebirge, zwei Tagesmärsche entfernt. Dort verkaufte er es und machte Besorgungen: Hirse, Zucker, Kautabak, Werkzeug und Stricke.

Nach einiger Zeit konnte sich Kalakoa ein Reitkamel leisten und bald darauf

Kalakoas Welt am Ostrand des Aïr-Gebirges. Über rund 400 000 km² erstreckt sich die Ténéré, eine Wüste, die nur aus Dünen und schier endlosen Sandebenen besteht

auch zwei Stuten und einen Zuchthengst. Wenig später lernte er seine Frau kennen. Sie stammt aus einem Nachbar-Wadi und war bereits einem anderen versprochen. Den forderte Kalakoa zum Duell mit dem Schwert auf und verletzte ihn so schwer am Fuß, dass der Mann noch heute humpelt.

Mit 30 galt Kalakoa als gemachter Mann. Er hatte eine Familie – und längst aufgehört, die Tiere seiner Herde zu zählen. Dennoch konnte er stets auf einen Blick sagen, ob ein Tier fehlte. Wenn ja, schwang er sich auf sein Reitkamel und machte sich auf die Suche.

Nur in größter Not hätte er sich dazu entschlossen, eines seiner Kamele zu verkaufen. Jedem Wüstennomaden gelten seine Dromedare als unantastbar. Nicht allein wegen ihres Nutzwertes als Reit- und Karawanentiere. Sondern, weil sie seinen Wert als Züchter, als Nomade, als Mensch widerspiegeln: Die Kamele sind sein Grundkapital, sein Gold.

Nur so lassen sich die Opfer verstehen, die Kalakoa während der Sahel-Dürre der Jahre 1984/85 auf sich genommen hat. In manchen Aïr-Regionen hatte das Kamelsterben damals schon begonnen. Viele verkauften ihre letzten Tiere zu Schleuderpreisen auf dem Markt von Agadez, der Sahel-Stadt südlich des Aïr, bevor sie dort selbst zu Bettlern wurden.

Kalakoa dagegen entschied sich dafür, seine Kamele nach Norden zu treiben, tiefer in die Wüste hinein. Wie sein Großvater, der bei jeder Dürre nach Djanet ausgewichen war, einer Oasenstadt im Süden Algeriens. (In jenen Zeiten war die Sahara für Nomaden noch fast grenzenlos. Seit der Entkolonialisierung hingegen brauchen die Nomaden für das Überschreiten der Wüstengrenze nach Algerien Pass und Visum.)

In einem dramatischen Wettlauf gegen den Tod wählte Kalakoa seine drei kräftigsten Kamele, belud sie mit Futterstroh und Wassersäcken und machte sich auf den 600 Kilometer langen Weg nach Djanet. Auf dieser ersten Tour musste er eine Route für die Herde abstecken: im Zickzackkurs, je nach Lage der Brunnen und der letzten Weiden mit halbverbrannten Gräsern. Auf Durststrecken legte Kalakoa Wasserlager an und vergrub die gefüllten Säcke im Sand.

Als er am Horizont die Palmen von Djanet erblickte, machte er kehrt und ritt zurück ins Aïr. Wenige Tage später brach er abermals auf, diesmal mit seiner gesamten Kamelherde und einigen Schafen und Ziegen. Die restlichen ließ er bei der Frau und den Kindern im Wadi.

Unbemerkt von den algerischen Behörden, erreichte er sein Ziel. In einem Gewaltmarsch von 40 Tagen.

Zwei Jahre hielt Kalakoa seine Kamele in einem Wadi bei Djanet versteckt. Seinen Lebensunterhalt verdiente er sich unterdessen in der modernen Wüstenstadt – für ihn die härteste Prüfung von allen. Nomaden verachten das Stadtleben. Sie hassen Lärm, üble Gerüche, Hektik. Und ganz besonders verabscheuen sie

Von der Düne in der Mündung seines Wadis reicht Kalakoas Blick bis zum Horizont. Und was er da sieht, ist in seinen Augen alles andere als »Niemandsland«. Denn die Nomaden betrachten die Wüste als ihr Eigentum – weil der Blick Besitz ergreift von dem, was er sieht

es, unter einem festen Dach schlafen zu müssen. „Gräber der Lebenden" nennt Kalakoa die Häuser der Sesshaften.

Sogar in seinem Wadi schläft er am liebsten im Freien. Das Zelt dient ihm eher dazu, eine Vorstellung vom Weltgefüge zu haben: Der runde Boden symbolisiert den Erdkreis, die kuppelförmige Decke das Himmelsgewölbe, abgestützt von vier Holzstangen, den vier Enden der Welt. Dieser kosmische Bauplan, durch den sich einst Gott den Tuareg offenbarte, wie es heißt, wird seit jeher von Mutter zu Tochter weitergegeben.

Könnte man Kalakoas Welt von oben betrachten, so, wie mein Freund sie sich vorstellt, zeigte sie sich als eine große Scheibe: Ihr Zentrum ist das Zelt. Von dort aus setzt sich das Universum der Nomaden fort, in einer Abfolge von *essuf*, von Kreisen des „Draußen". Der engste Kreis ist der Umkreis des Zeltes, der nächste das Wadi. Und so weiter. Bis hin zur Ténéré. Sie ist das absolute Draußen, in dem nur Geister, Dämonen und verlorene Seelen dauerhaft existieren können.

Eine geordnete Welt also, die keine Straßennamen braucht wie das algerische Djanet, Kalakoas Dürre-Exil. Als ihn 1986 die Kunde von erneutem Regen im Aïr erreichte, zog er sofort zurück. Und marschierte an der Spitze seiner Kamelherde im Wadi Tiouilmas ein. Wieder hatte ihn seine Zähigkeit gerettet.

Nach seinem Jagdunfall hat er es genauso gemacht. Hat einfach durchgehalten. Der Rest ist eine Frage von Details.

„Wie bist du von Tagobits Lager ins Krankenhaus gelangt?", frage ich.

Kalakoa wendet mir sein verschleiertes Gesicht zu. „Ein Junge ist mit dem Kamel nach Iférouane geritten und hat die Gendarmerie benachrichtigt. Deren Pick-up hat unser Lager am Abend des darauffolgenden Tages erreicht. Zwei weitere Tage dauerte die Fahrt zum Hospital in Arlit."

Tatsächlich war die Sache viel dramatischer. So höllisch waren seine Schmerzen, dass er versuchte, sich mit dem Dolch den eigenen Fuß abzuschneiden. Die Männer in Tagobits Lager mussten ihn mit Gewalt daran hindern.

Als Kalakoa das Krankenhaus erreichte, hatte sich die Entzündung bereits so weit gefressen, dass die Amputation unvermeidlich war. So hat Kalakoa sein Jagdpech mit einem halben Bein bezahlt – es war der Preis für sein Leben.

Das Dünenmeer am Rande der Ténéré versinkt in der aufziehenden Nacht. Zeit für die Rückkehr in den Weltmittelpunkt, das Zelt im Wadi Tiouilmas. Kalakoa pflanzt seine Krücke in den Sand und rappelt sich auf die Beine. Mit Mühe, aber ohne Hilfe.

Dann eilt er, halb hüpfend, halb gleitend, den Dünenhang hinab. □

Postscriptum

Am Abend des Tages, an dem Michael Stührenberg seinen Artikel an die Redaktion geschickt hatte, erhielt er einen Anruf aus Agadez im Niger. Schlechte Nachrichten: Kalakoa werde „vermisst". Nein, er habe sich weder in der Wüste noch in den Bergen verirrt. Vielmehr habe er seine Herde zum Brunnen im Wadi geführt. Nur hätten sich zur selben Zeit Regierungssoldaten in der Gegend befunden.

Die Nachricht klang deshalb so beunruhigend, weil es seit einigen Monaten zu Unruhen im Norden des Niger gekommen war. Dabei hatten Tuareg-Rebellen einen Armeeposten angegriffen und mehrere Soldaten getötet. Die Regierung hatte daraufhin Elitetruppen gegen die Rebellen ins Aïr-Gebirge geschickt.

Stührenberg benötigte mehrere Tage, um sich Gewissheit zu verschaffen. Wie sich herausstellte, war Kalakoa gemeinsam mit zwei weiteren Nomaden (einem Blinden und einem 80-jährigen Greis) von den Soldaten am Brunnen gefangen genommen und gefoltert worden. Danach hatten die Soldaten sie ermordet. Aus Regierungskreisen wurde die Behauptung kolportiert, die Getöteten seien „Kollaborateure" der Rebellen gewesen und hätten in deren Auftrag Minen gelegt.

Kalakoa, der Mann aus der Welt am Rande, hatte eine Jahrhundertdürre überstanden und einen gefährlichen Jagdunfall überlebt. Machtlos war er am Ende nur gegen den Wahnsinn der Menschen aus den Städten.

Michael Stührenberg, 54, und **Pascal Maitre**, 52, sind seit vielen Jahren GEO-Mitarbeiter. Den Nomaden Kalakoa hatten sie Anfang der 1990er

Jahre bei Recherchen über den damaligen Aufstand der Tuareg kennengelernt.

DIE WÜSTEN DER ERDE
Ein Fotoprojekt von Michael Martin
DIE WÜSTEN DER ERDE
Michael Martin
372 Seiten, 300 Fotos,
ISBN 978-3-89405-435-9,
Frederking & Thaler Verlag, 50 €
DIE WÜSTEN AFRIKAS
MICHAEL MARTIN
FREDERKING & THALER
192 Seiten, 150 Fotos,
ISBN 978-3-89405-543-1,
Frederking & Thaler Verlag, 24,90 €
DIE WÜSTEN DER ERDE
Michael Martin
365 Tage
752 Seiten, 365 Fotos,
ISBN 978-3-89405-663-6,
Frederking & Thaler Verlag, 34 €
Diashow Termine
2007/2008
16.09.07 Pfaffenh./Roth
20.09.07 Burghausen
21.09.07 Bischofswerda
25.09.07 Darlington (GB)
26.09.07 Somerset (GB)
27.09.07 Stamford (GB)
18.10.07 Bremen
19.10.07 Aachen
25.10.07 St. Wendel
05.11.07 Arnsberg
06.11.07 Worms
07.11.07 Delbrück
10.11.07 Dorfen
07.12.07 Lauf/Pegnitz
10.12.07 Zürich (CH)
11.12.07 Uster (CH)
12.12.07 Nottwil (CH)
13.12.07 Solothurn (CH)
14.12.07 Spiez (CH)
06.01.08 München
16.01.08 Ulm
18.01.08 Trostberg
19.01.08 Stuttgart
20.01.08 Neusäß
21.01.08 Olching
22.01.08 Heidelberg
23.01.08 Lengerich
24.01.08 Ansbach
25.01.08 Varel
26.01.08 Berlin
28.01.08 Marburg
29.01.08 Salzwedel
18.02.08 Bühl
20.02.08 Garmisch
22.02.08 Eching
23.02.08 Ahaus
24.02.08 Düsseldorf
25.02.08 Bonn
26.02.08 Ottobrunn
27.02.08 Gießen
28.02.08 Erding
29.02.08 Neukeferloh
01.03.08 Dreieich
05.03.08 Unterhaching
09.03.08 München
03.05.08 Fürstenfeldbruck
Terminänderungen vorbehalten.
Weitere Termine im Internet.
Michael Martin und Elke Wallner haben mit dem Motorrad die Wüsten der Erde durchquert.
In seinen Diashows und Büchern berichtet Michael Martin von diesem einzigartigen Abenteuer.
Infos, Reservierung und Buchbestellungen unter www.michael-martin.de

Nachricht aus der großen Leere

Gegen Ende der 1940er Jahre durchquert ein britischer Reisender zweimal die Rub al-Khali auf der Arabischen Halbinsel, die größte aller geschlossenen Sandwüsten. Gemeinsam mit vier Beduinen erkundet Wilfred Thesiger das unendliche Dünenmeer, erträgt Hitze, Hunger und Durst. Er lernt, die Wüste zu lieben – und die Menschen, die in ihr leben

Text: Bertram Weiß

Seit Tagen hat er nichts gegessen und wenig getrunken. Die Vorräte sind fast aufgebraucht. Doch immer wieder versichert er sich selbst, dass er, wäre er in London, sich nichts sehnlicher wünschen würde, als dort zu sein, wo er jetzt ist: in der größten geschlossenen Sandwüste der Erde im Herzen der Arabischen Halbinsel. Sollte er hier tatsächlich sterben, würde man ihn im fernen Großbritannien als Wilfred Thesiger im Gedächtnis behalten; seinen arabischen Gefährten aber bliebe er als Mbarak, der Gesegnete, in Erinnerung. So lautet der Name, den sie ihm gegeben haben.

Es ist der Dezember des Jahres 1946, der britische Entdeckungsreisende und Historiker hat die lebensfeindliche Öde von Süd nach Nord fast ohne Hilfsmittel durchquert. Nun liegt der 36-Jährige kurz vor dem Ende seiner Reise hungernd am Rande dieses Sandmeeres, das die Menschen „Rub al-Khali" nennen, das „Leere Viertel".

Mitglieder der Beduinengruppe, die Wilfred Thesiger im Jahre 1946 auf seiner ersten Expedition durch das Leere Viertel begleitet. Einer von ihnen, Said bin Musallim (2. v. r.), bleibt die gesamte Wegstrecke an seiner Seite. Mit Thesiger wagt erst der dritte Europäer die gefährliche Reise durch diese Wüste, die fast ein Viertel der Arabischen Halbinsel einnimmt

Gut 14 Tage sind vergangen, seit Thesiger mit vier Männern nahe einer Oase in Oman aufgebrochen ist und das Randgebiet der Wüste im Süden hinter sich gelassen hat. Zwei seiner Begleiter sind Beduinen vom Stamm der Raschid. Im Sommer ziehen sie mit ihren Familien an der Peripherie der Wüste umher, im Winter finden sie noch tief im Inneren der Dünenlandschaft Weiden für ihre Dromedarherden und ernähren sich dort über Wochen allein von deren Milch.

Nur zwei Europäern ist bis dahin eine Reise durch diese trostlose Welt aus Sand und Fels geglückt: 1930/31 dem Briten Bertram Thomas und kurz darauf dessen Landsmann Harry St John Philby. Beide suchten das Abenteuer und die Ehre, Thomas zudem wohl noch ein bequemes Leben: „Ich will der Erste sein, der das Leere Viertel durchquert – und den Rest meines Lebens von den Erlösen leben", hatte er zuvor verkündet.

Aus europäischer Sicht war es schlichtweg unbegreiflich, dass Menschen in dieser Gegend dauerhaft existieren können. Der englische Geheimagent Thomas Edward Lawrence, der gegen Ende des Ersten Weltkriegs als „Lawrence von Arabien" den Aufstand der Araber gegen die Osmanen mit anführte, hielt das Dasein der Beduinen für nichts weniger als „den Tod im Leben".

Thesiger jedoch sucht genau dieses Leben. Auf ihn üben das „grausame Land" und die in ihm lebenden Menschen „einen Zauber aus, den keine der gemäßigten Zonen je erreicht". Er will sich in das Leben der Beduinen einfühlen, fasziniert von deren anscheinender Bedürfnislosigkeit, von ihrem Dasein inmitten der großen Leere. Insgesamt fünf Jahre lang reist der Brite, begleitet von Nomaden, durch den Süden Arabiens. Und zweimal – 1946 und 1947/48 – führen sie ihn dabei quer durch die „großen Sande". Am Ende wird er mehr als 10 000 Kilometer auf Kamelrücken zurückgelegt haben.

Die Route zur Region Dhafara im heutigen Grenzland zwischen Saudi-Arabien und dem Emirat Abu Dhabi, die Thesiger und die vier Beduinen im Dezember 1946 gewählt haben, ist etwa 500 Kilometer lang. Als Proviant haben sie 50 Pfund Mehl dabei, etwas Butter, ein paar Hände voll Mais, Kaffee, Tee und Zucker, einige getrocknete Zwiebeln und vier volle Wasserschläuche aus Ziegenleder. Abwechselnd laufen sie oder reiten auf ihren einhöckrigen Dromedaren. Ihr Anführer Muhammad al-Auf hat die Wüste bereits einmal durchquert. Allein, sagt er.

Der Brite isst, wenn die Beduinen essen; er ruht, wo sie ruhen, läuft, wenn sie laufen, und reitet, wenn sie reiten. Er trinkt das gleiche Wasser wie sie – mag es auch bitter, modrig oder salzig schmecken. Wie sie trägt er ein langes Hemd, Gürtel und Kopftuch. Auf Beduinenart besteigt er sein Dromedar: Er zieht den Kopf des stehenden Tieres herunter, stellt einen Fuß auf dessen Nacken und schwingt sich in den Sattel. Nur reiten kann er nicht wie die Beduinen, denn die knien zumeist auf den Tieren.

Nach etwas mehr als zwei Wochen, wenige Tagesreisen vor der legendenumwobenen Oase Liwa nahe der „Piratenküste" Abu Dhabis, sind die Vorräte aufgebraucht. Drei der Begleiter machen sich zur Oase auf, um Verpflegung

Wilfred Thesiger (1910–2003) bei seiner zweiten Durchquerung der Rub al-Khali Anfang 1948. Er lebt mit den Beduinen, isst und kleidet sich wie sie – den traditionellen Krummdolch inklusive. Mit vielen tausend Fotos dokumentiert er die Kultur der Wüstennomaden

zu besorgen. Thesiger kann nicht mitkommen. Er ist Christ, und in dieser Gegend gibt es noch viele, die jedem Ungläubigen den Tod schwören.

Es vergehen drei Tage unter sengender Sonne und zwei klirrend kalte Nächte voll quälenden Hungers, bis die Ausgesandten endlich zurückkommen – mit zwei Paketen sandiger Datteln und etwas Weizen. Mehr war in Liwa nicht aufzutreiben. Doch es ist ihre Rettung, denn es reicht für den verbleibenden Weg: Sie haben die unerbittliche Kargheit des Leeren Viertels überlebt.

Der Zufall hat Thesiger ein Jahr zuvor die lang ersehnte Gelegenheit geboten, nach Arabien zu reisen: Als Mitarbeiter der Mittelöstlichen Anti-Heuschrecken-Einheit, die unter britischer Führung die gefürchteten Insektenplagen bekämpft, soll er auf der Arabischen Halbinsel jene Orte ausfindig machen, an denen die Wüstenheuschrecken schlüpfen oder sich in Massen vermehren. Die Reiseroute ist seine Sache.

In Arabien sammelt er Insekten, Pflanzen und Fossilien und schickt sie nach London. Manche Funde werden nach ihm benannt, so das Raublattgewächs *Echiochilon thesigeri*. Thesiger lernt, die Leere zu lieben. „Es ist seltsam, wie sehr mich die Wüste befriedigt und mir Ruhe gibt. Du kannst jenen, die dies nicht auch fühlen, nicht erklären, was du dort findest", schreibt er seiner Mutter in England.

Die Begeisterung für die Exotik, für fremde Völker ist wohl in seiner Kindheit entstanden: Er wird als Sohn eines Diplomaten am 3. Juni 1910 in einem Lehmgebäude der Londoner Gesandtschaft in Abessinien geboren, dem späteren Äthiopien. Antilopen, Zelte und Männer mit Speeren gehören zu seinen frühesten Erinnerungen. Neun Jahre später kehrt die Familie nach Großbritannien zurück, doch die Heimat seiner Eltern bleibt dem Jungen fremd. Schon während des Geschichtsstudiums in Oxford nutzt er jede Gelegenheit, der englischen Zivilisation zu entfliehen.

Er beginnt zu reisen und zu entdecken: In seinem langen Forscherleben besucht Thesiger die Sümpfe des Iraks und den Hindukusch, kämpft sich durch Wüsten, Schwemmland, Steppen und Gebirge, lebt bei mehreren Völkern Kenias und erreicht bei einer seiner Durchquerungen des Leeren Viertels als erster Reisender aus dem Abendland die gefürchteten Treibsande von Umm al-Samim, der „Mutter des Giftes", im Osten der Wüste.

Bei den Beduinen der Rub al-Khali verbringt er von 1945 bis 1950 die wohl glücklichsten Jahre seines Lebens. Eindringlich schildert er in seinen Erinnerungen die Landschaft, die Beduinen-Kultur – und die ersten Anzeichen ihrer Auflösung im beginnenden Ölrausch.

Im Januar 1948 zieht die kleine Karawane des Entdeckers durch die Dünenwelt der Rub al-Khali. Insgesamt legt Thesiger mehr als 10 000 Kilometer in der Wüste Arabiens auf Kamelrücken zurück

Als er 1977 Abu Dhabi und Oman erneut besucht, findet er „die Lebensweise der Bedu, die ich fünf unvergessliche Jahre mit den Raschid teilte, unwiderruflich zerstört durch den motorisierten Transport, durch Helikopter und Flugzeuge".

Seine Bücher machen ihn weltberühmt, berichten sie doch vom Leben eines Volkes, zu dem westliche Wissenschaftler nur schwer Zugang finden. Zumal er in Tausenden von Fotos die Welt der Wüstennomaden festgehalten hat.

Am 24. August 2003 stirbt Wilfred Thesiger. In der Nähe von London, nicht in Arabien. □

Bertram Weiß, 24, ist Wissenschaftsjournalist in Hamburg.

Die Gesetze

Wo es in Wüsten staubtrocken ist und immer wieder Winde wehen, da türmen sich Dünen auf. Und diese Sandhügel haben es in sich: Manche rühren sich seit Jahrtausenden nicht vom Fleck, andere wandern unablässig – und einige beginnen sogar zu singen

des Sandes

Ein Muster aus kleinen Wellen überzieht diese Dünen am Rande des Aïr-Gebirges im afrikanischen Niger. Es ähnelt den Rippeln am Meeresboden – und entsteht auch auf ähnliche Weise: Kleine Sandkörner werden vom Wind über die Düne gerollt oder von anderen Körnchen vorwärtsgestoßen und bleiben etwa auf lockerem Grund oder in kleinen Vertiefungen liegen. An solchen Hindernissen sammeln sich weitere Körner, bis sich Kämme und Windrippeln bilden, die quer zur anströmenden Luft stehen

Sicheldünen

wandern bis zu 30 Meter im Jahr voran. Sie überstehen Überflutungen – und schaufeln sich manchmal ihr eigenes Grab

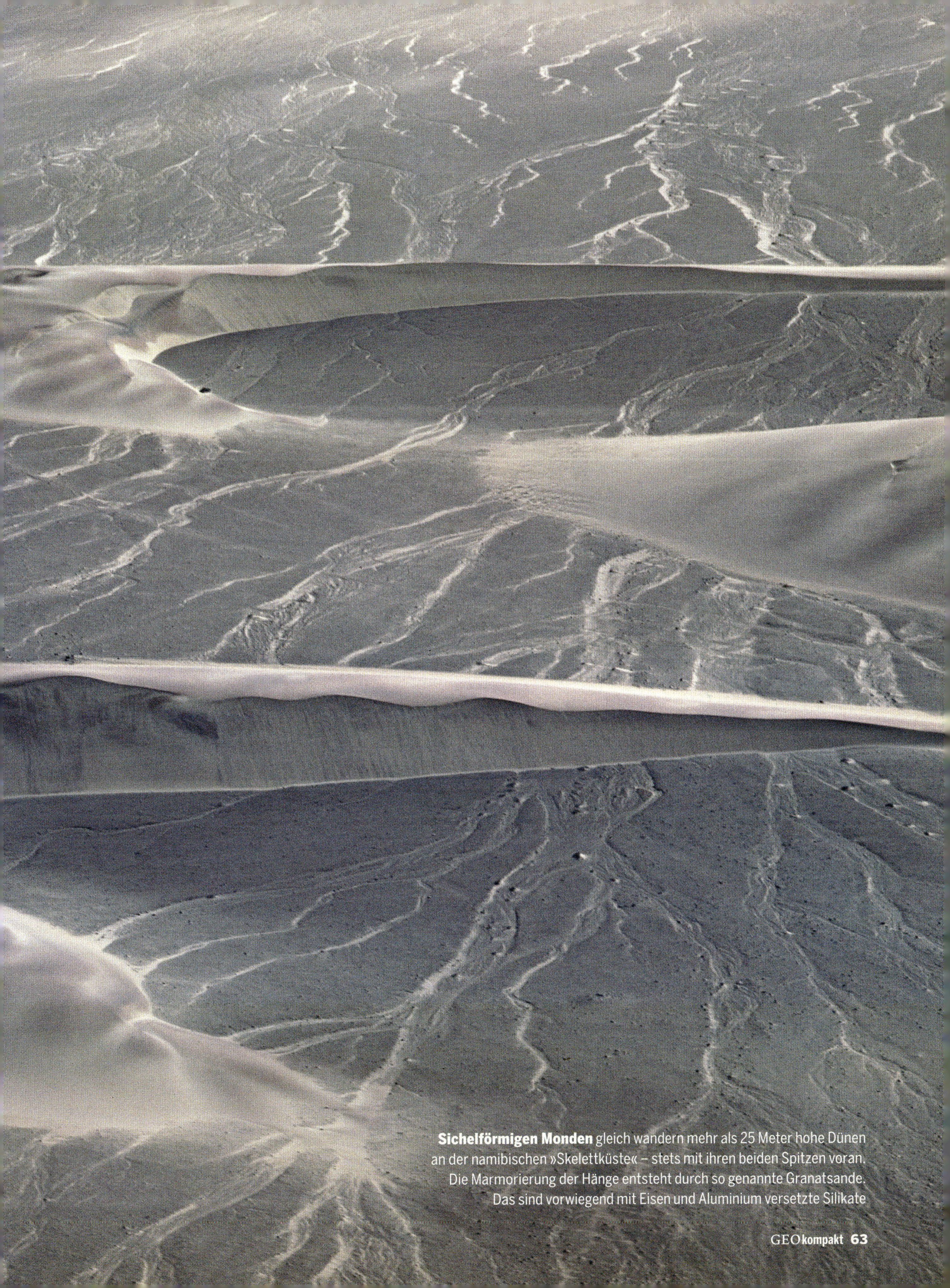

Sichelförmigen Monden gleich wandern mehr als 25 Meter hohe Dünen an der namibischen »Skelettküste« – stets mit ihren beiden Spitzen voran. Die Marmorierung der Hänge entsteht durch so genannte Granatsande. Das sind vorwiegend mit Eisen und Aluminium versetzte Silikate

Nicht Zufall bestimmt die Gestalt der

Sterndünen,

sondern vermutlich der Wind, der im Laufe der Zeit immer wieder die Richtung wechselt

Wie riesige Tentakel strecken sich die Kämme der Sterndünen in die endlose Weite der Rub al-Khali auf der Arabischen Halbinsel. Die Dünen im Hintergrund sind mindestens 9000 Jahre alt

Text: Henning Engeln

Es gibt wohl nirgendwo auf Erden eine Landschaft, in der die Menschen Stille stärker zu empfinden vermögen als im endlosen Sandmeer einer Wüste. Wenn der Wind sich legt, wird es so ruhig, dass Geräusche im eigenen Ohr zu einem Rauschen anschwellen.

Doch manchmal zerreißt ein Stöhnen, ein Surren oder Summen die Stille, ein Donnern wie bei einem Gewitter. Es krachen Kanonenschläge, es ertönen Nebelhörner, Trompeten oder Glocken, das Brummen eines Propellerflugzeugs.

„Zwei Mal kam es ganz plötzlich in einer stillen Nacht – ein vibrierendes Dröhnen von solcher Lautstärke, dass ich schreien musste, damit mein Begleiter mich verstand. Schon bald fielen weitere solcher Schallquellen, offenbar durch die ersten ausgelöst, in diese Musik ein, und zwar in einer so nahe verwandten Tonlage, dass sich das Ganze wie ein langsames Trommeln anhörte."

So schildert der britische Wüstenforscher Ralph Alger Bagnold dieses Phänomen, mit dem er 1939 im Südwesten Ägyptens – mehr als 450 Kilometer von der nächsten Ansiedlung entfernt – konfrontiert wurde. Die merkwürdigen Geräusche mussten aus den Dünen ganz in seiner Nähe kommen und irgendwie vom Sand ausgelöst worden sein.

Das Rätsel, wie sie tatsächlich zustande gekommen waren, vermochte Bagnold damals nicht zu lösen. Das konnten auch andere Ohrenzeugen nicht, die mindestens 30 Mal von „singenden Dünen" in Wüsten und an Stränden in Afrika, Asien oder Nordamerika berichteten. Manche der Sandhügel quietschten im Bereich von 500 bis 2500 Hertz, andere dröhnten dumpf im Bassbereich zwischen 50 und 300 Hertz.

Als Erster entschlüsselte der Engländer Ralph Alger Bagnold die Prinzipien, nach denen sich Sandkörner zu Dünen türmen

Bald widmeten sich auch andere Forscher dem Phänomen der singenden Dünen, sie erdachten Experimente und formulierten Hypothesen, rückten den Dünen mit Radar und Untergrundmikrofonen zu Leibe.

Einer der dabei entstandenen Theorien zufolge werden die Töne erzeugt, wenn Körnerlawinen von ruhenden Teilen der Dünen abrutschen. Geringe Mengen Sand erzeugen offenbar recht klare Töne, größere abrutschende Sandplatten hingegen dröhnende Geräusche. „Singen" die Dünen, sind die beteiligten Sandkörner oft ungewöhnlich glatt. Auch der Trockenheitsgrad des Sandes scheint an dessen Orchestrierung beteiligt zu sein.

Die vermeintlichen Nebelhörner und Kanonenschläge zählen wohl zu den skurrilsten Effekten in den Wüsten der Erde. Aber auch andere Phänomene haben die Forscher beim Dünenstudium verblüfft. So gibt es Dünen, die mehr als 20 000 Jahre alt sind, und solche, die ihre Form alle sechs Monate ändern. Wieder andere legen im Laufe eines Jahres bis zu 30 Meter zurück – und überwinden manchmal sogar Dünen, die ihnen im Weg stehen.

Und dann gibt es noch Sandhügel, die sich ihr eigenes Grab schaufeln.

In manchen Dünen trommelt es dumpf, andere dröhnen wie **Glocken,** oder sie fiepen in hohen Tönen, sobald der Sand ins Rutschen kommt

RALPH ALGER BAGNOLD war vermutlich der Erste, der den Geheimnissen der Sandberge mit Experimenten im Windkanal nachspürte. Als Offizier der British

Aus einer großen Querdüne brechen Sandfahnen hervor, an deren Enden sich Barchane bilden. Sie sind vermutlich nicht so alt, dass sich die typische Sichelform dieser Wanderdünen schon ausgebildet hätte. Vielleicht auch haben wechselnde Winde ihnen die Hörner gestutzt

Army Royal Engineers war er zwischen den Weltkriegen in Kairo und Indien stationiert. In seiner dienstfreien Zeit legte der studierte Ingenieur Tausende von Wüstenkilometern in Jordanien, auf dem Sinai sowie in der nordöstlichen Sahara zurück. Dabei wuchs sein Interesse an den Dünen, die mehr als 150 Meter hoch und mehrere hundert Kilometer lang sein können.

Nach dem Abschied von der Armee konstruierte Bagnold am Imperial College in London Windkanäle und begann, mit Sand zu experimentieren. 1941 veröffentlichte er die Resultate unter dem Titel „The Physics of Blown Sand and Desert Dunes" – ein bis heute gültiges Standardwerk. Es enthält nicht nur Analysen und Erkenntnisse, die der Brite in der Wüste selbst gewonnen hat, sondern schildert auch den im Forschungslabor erkannten Mechanismus, der Sandkörner im Luftstrom vorantreibt und ohne den sich keine Düne auftürmt.

Helga Besler studiert die Physik des Sandes und fand heraus, dass die Megadünen der Namib in der letzten Kaltzeit entstanden sind

Dennoch bilden sich Wüstenberge, wenn Luftstöße einzelne Körner bis etwa in Hüfthöhe aufwirbeln, sie eine kleine Strecke durch die Luft vorantreiben und die wieder zurückfallenden Partikel weitere Körner in einer Art Spritzeffekt aus

Die Dünentypen und wie sie entstehen

Illustration: Tim Wehrmann

Ob Bogen, Stern oder Welle – wie komplex auch immer eine Düne geformt ist, stets bestimmen zwei Hauptfaktoren ihre Gestalt: die Richtung des Windes und die Beschaffenheit des Untergrundes

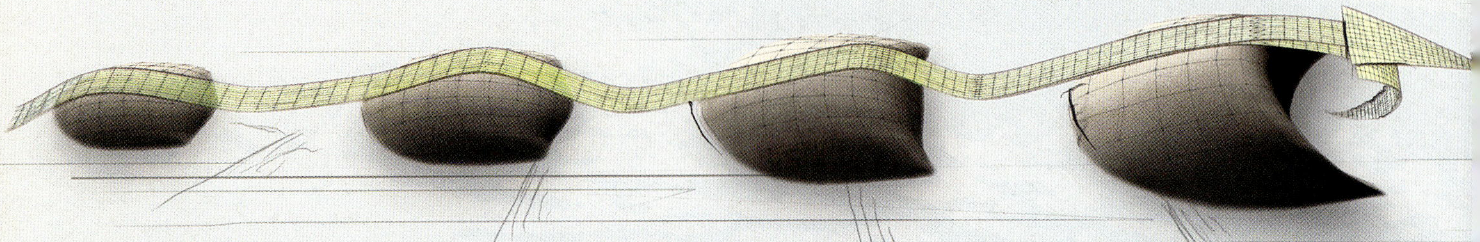

Barchane (Sicheldünen) bilden sich aus flachen Sandhügeln auf festem Boden: Wind treibt Sand die Schräge hinauf, der an der Lee-Seite herunterfällt. Dort entstehende Luftwirbel saugen vor der Düne liegende Partikel in den Sandkörper hinein. So schiebt sich dieser vorwärts und wächst dabei. Da der Sand an den Rändern schneller bewegt wird als im Zentrum, formt er spitze Flanken, die der Düne vorauseilen

Parabeldünen entstehen auf bewachsenem Untergrund. Der Wind formt dort sichelförmige Dünen, deren seitliche Enden von der Vegetation festgehalten werden. Der hohe Mittelteil hingegen wölbt sich mit dem Wind nach vorn, da auf der Anhöhe selbst keine Pflanzen den Dünensand abbremsen

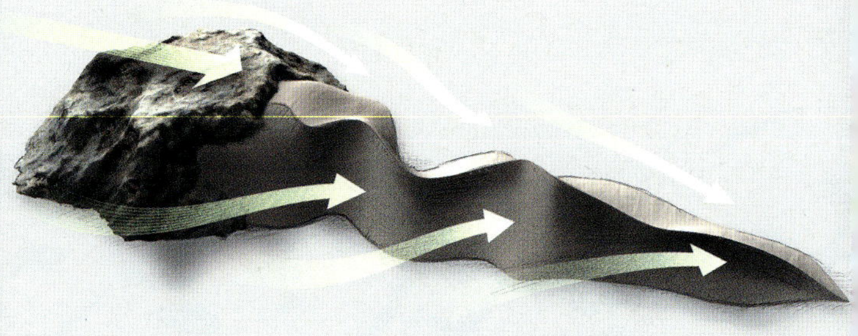

Leedünen wachsen im Windschatten etwa eines Felsens. Die um diesen herumströmende Luft formt eine Sandwehe mit einem in der Mitte aufragenden Kamm. Je nach Windstärke, Sandmenge und Größe eines solchen Hindernisses können Leedünen bis zu mehrere Kilometer lang werden

Kupste oder Nebka heißen Sandanhäufungen an bestimmten Wüstenpflanzen. So fangen die Nara-Melone in der Namib oder der Ziziphus-Strauch in Tunesien mit ihren verzweigten Ästen den Sand ein. Wächst die Pflanze, bilden sich immer größere Haufen, die den Wurzeln und Trieben zusätzlichen Halt geben

Längsdünen kommen in Gegenden vor, in denen die Winde je nach Saison die Richtung wechseln. Wehen sie etwa mal aus Norden, mal aus Osten, wird der Sand so zusammengetrieben, dass sich die Dünen entlang der Mittelachse der beiden Windrichtungen (in diesem Fall also Nordosten) formieren

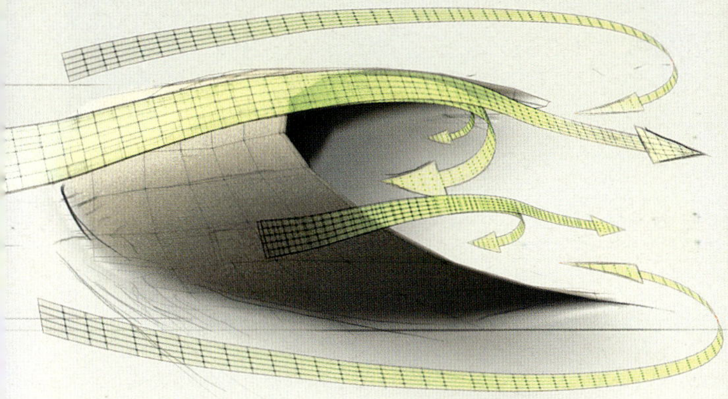

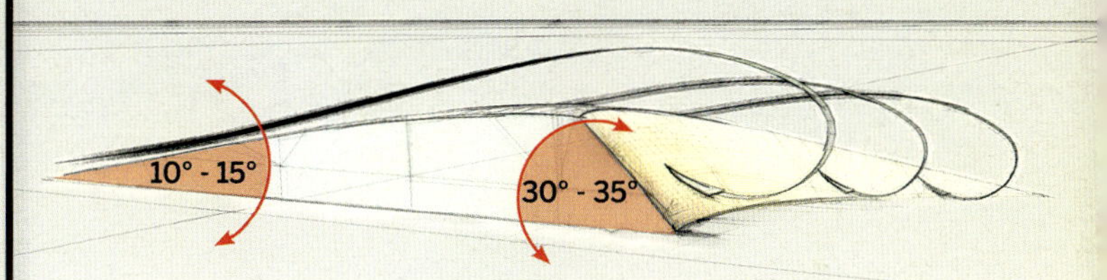

Die Geometrie von Sicheldünen ist immer gleich: Die dem Wind zugewandte Luv-Seite steigt in einem Winkel von 10 bis 15 Grad an, die windabgewandte Lee-Seite fällt zwischen 30 und 35 Grad ab. Die über die Kante strömende Luft sinkt ab, wodurch sich Wirbel bilden, die sich zur Düne hin drehen

Längs-Draa sind parallel verlaufende, sehr alte Megadünen: Sie häuften sich während der letzten Kaltzeit vor 10 000 bis 20 000 Jahren auf – vermutlich durch gegenläufige, spiralförmige Luftströmungen, die aus einer Kombination von starken horizontalen Winden und gleichzeitig aufsteigender Heißluft entstanden

Stern-Draa, pyramidenförmige Megadünen mit strahlenartigen Ausläufern, können gut 100 Meter hoch werden. Ihre Entstehung ist nicht vollends geklärt, vermutlich aber bildeten sie sich nur in solchen Gebieten, in denen der Wind häufig wechselte und dabei aus mindestens drei Richtungen blies

Querdünen entstehen, wenn der Wind überwiegend aus einer Richtung etwa über eine große Sandfläche bläst: Er türmt dann den Sand zu Wällen auf, aus denen sich senkrecht zur Windrichtung verlaufende Dünen bilden. Querdünen können auch durch starken auflandigen Wind an Stränden geformt werden

Aklé heißen diese wellenförmigen Querdünen. Ihre Form erhalten sie durch jahreszeitlich wechselnde Winde, die etwa im Sommer aus Nordost und im Winter aus Südwest wehen. Die steilen, windabgewandten Lee-Hänge wechseln bei den Aklé je nach Jahreszeit und Windrichtung ihre Lage

Zu gewaltigen Querdünen haben beständige Südsüdwestwinde vom Atlantik her die Sandmassen an der 2000 Kilometer langen namibischen Küstenwüste aufgetürmt – wie Riesenwellen eines ockerfarbenen Ozeans, die mitten in ihrem Lauf erstarrt sind

dem Sand herausschleudern (Saltation) oder vorwärtsstoßen (Reptation).

Treffen die so herauskatapultierten Partikel auf glatten Untergrund, etwa nackten Felsen, dann hüpfen sie wie Pingpongbälle auf einem Betonboden weiter. Landen sie dagegen auf nachgiebigem, lockerem Untergrund, verlieren sie ihre Bewegungsenergie und bleiben liegen. Und schon ein paar Sandpartikel, die sich auf hartem Untergrund an einer Stelle häufen, können dort weitere auftreffende Körner abbremsen.

Die Folge: Immer mehr Körnchen sammeln sich an und bilden einen Untergrund, der weitere Sandkörner einfängt. Es kommt zu einem sich selbst verstärkenden Prozess – eine Düne beginnt zu wachsen. Damit aber die kleinen Partikel überhaupt hüpfen können, muss die Luft sehr trocken sein – Feuchtigkeit würde sie aneinanderkleben lassen. Deshalb entstehen Dünen überwiegend in Wüstengebieten sowie an Meeresküsten, wo der Wind den Sand schnell trocknet.

Vor allem in Wüsten und an Meeresküsten können sich **Dünen bilden,** weil dort Sonne und Wind für die nötige Trockenheit sorgen

Entscheidend ist zudem die Größe der Körner. Übertrifft ihr Durchmesser zwei Millimeter, kann der Luftstrom diesen Kies kaum anheben. Sind sie kleiner als 0,063 Millimeter – also das, was Geologen Schluff und Staub nennen (als Staub werden Körner definiert, die kleiner als 0,002 Millimeter sind) –, trägt die Luftbewegung sie für eine Sandhügelbildung zu weit davon. Nur zwischen zwei und 0,063 Millimeter großer Sand hüpft. Ob die Körner aus Quarz, Kalk oder Gips bestehen, spielt dabei kaum eine Rolle.

Häufig sammeln sich die tanzenden Sandkörner auch hinter einem Hindernis – etwa einem Felsbrocken oder einer Pflanzengruppe. Es entsteht eine Sandwehe, die nun selbst zur Falle für Partikel wird: In ihrem Windschatten lagern sich weitere Körner ab, und sie wächst allmählich zur Düne heran.

Geomorphologen nennen solche, an einem Hindernis entstehende Formen „gebundene Dünen“ (siehe Grafik Seite 68). Zu ihnen gehören unter anderem:

• Dünen, die an Pflanzen entstehen, welche den Sand einfangen und durchwurzeln (Kupste oder Nebka);

• Parabeldünen, die sich auf leicht bewachsenem Boden bilden und einen in Windrichtung ausgezogenen Bogen formen. Die Erklärung: Sandkörner in der höheren Mitte des Bogens können schneller wandern, weil sie die Vegetation hier völlig bedecken, also nicht von Bewuchs behindert werden. Dagegen ragen an den schmaleren Rändern der Parabel die Pflanzen aus dem Sand und halten die Körner fest;

• Leedünen, die sich im Windschatten eines Hindernisses bilden und mehrere Kilometer lang werden können.

Daneben unterscheiden Wissenschaftler mehrere Formen „freier Dünen" (siehe Grafik Seite 68). Etwa:

• Querdünen, die im 90-Grad-Winkel zur Windrichtung verlaufen und entstehen, wenn der Luftstrom überwiegend aus einer Richtung weht;

• komplexere Varianten der Querdünen (Aklé), deren Kämme kurvenförmig und gegenläufig geschwungen verlaufen und ganze Dünenfelder ohne nackten Boden dazwischen bilden. Sie formen sich, wenn der Wind im Laufe der Jahreszeiten aus zwei entgegengesetzten Richtungen bläst;

• Längsdünen, die sich bilden, wenn zwar eine grobe Windrichtung vorherrscht, die Winde jedoch häufig wechseln. Ihre Kämme sind längs der vorherrschenden Windrichtung ausgerichtet;

• Sicheldünen (Barchane). Sie sind wie Halbmonde geformt – und die einzige Dünenform, die im Ganzen wandert.

SEIT BALD 40 JAHREN studiert die Kölner Geomorphologin Helga Besler – inzwischen führend in dieser Forschungsrichtung – Dünen in den Wüsten der Erde. Vor allem an den Barchanen hat sich ihr Forscherehrgeiz entzündet. Mittlerweile ist der Wissenschaftlerin ziemlich klar, was geschehen muss, damit sich ein zunächst nur rund 30 Zentimeter hohes Sandhäufchen in Bewegung setzt und zu einem 20 bis 30 Meter hohen, zig Tonnen schweren Ungetüm heranwächst.

Zunächst muss starker Wind – der stets nur aus einer Richtung weht – die Sandkörner auf der flachen, dem Wind

Staub für die Welt

Jedes Jahr fegt der Wind ein bis zwei Milliarden Tonnen Staub aus den Wüsten und trägt sie weit über den Erdball

Der Staub fällt in solchen Mengen, dass er alles an Bord schmutzig macht und den Menschen die Augen schmerzen." Charles Darwin hatte an Bord des Forschungsschiffes „Beagle" gerade die Kapverden erreicht, als er diesen Satz im Januar 1832 in sein Tagebuch schrieb. Er vermutete, der Staub komme aus dem mehr als 600 Kilometer entfernten Afrika. Darwin hatte Recht – ahnte allerdings nicht, wie weit in der Sahara aufgestiegene Partikel gelangen können.

Inzwischen ist bekannt, dass aus den Wüsten der Erde jährlich ein bis zwei Milliarden Tonnen Staub in die Luft getragen werden. Starke Hitze am Boden und Windwirbel jagen den Staub bis zu fünf Kilometer hoch – allerdings nur Partikel mit einem Durchmesser von weniger als 0,063 Millimetern.

Von starken Winden in entfernte Regionen befördert, sinken die Stäube dort wieder hinab – oft fein verteilt in Regentropfen. Im Sommer transportieren die Windsysteme über dem Atlantik den Sahara-Staub vor allem in die Karibik und nach Nord- und Mittelamerika, im Winter vorwiegend nach Südamerika. Der Rest wird im Winter etwa bis ins südliche Mittelmeer, im Frühjahr noch weiter in den Nahen Osten und nach Europa geblasen – sogar bis nach Skandinavien.

In Verbindung mit Regen kann der Staub den Niederschlag rot färben. Im Mittelalter glaubten die Menschen, dieser „Blutregen" sei Vorbote eines Unheils. Im Sommer 1991 landeten besonders viele rote Partikel in den Ötztaler Alpen. Sie fingen die Sonnenstrahlung ein und förderten das Abschmelzen des Gletschereises. So wurde eine 5000 Jahre alte, bis dahin im Eis konservierte Menschenleiche freigelegt, die bald als „Ötzi" Berühmtheit erlangte.

Der phosphat- und eisenhaltige Sahara-Staub düngt das Phytoplankton im Ozean – winzige Algen und Cyanobakterien, die die Basis der Nahrungskette aller Meeresbewohner bilden. Und weil viel Plankton viel Kohlendioxid bindet, wirkt der Staub aus der Sahara möglicherweise dem Treibhauseffekt entgegen. Auch der Amazonas-Regenwald hat sich auf die regelmäßige Nährstofflieferung aus dem mehr als 4000 Kilometer entfernten Afrika eingestellt.

Die bislang weiteste registrierte Reise allerdings machte im Sommer 2003 Staub von einem anderen Kontinent: Aus der chinesischen Wüste Takla Makan wanderte er mit dem Wind über Ostasien, den Nordpazifik, Nordamerika und den Atlantik bis nach Europa und legte in 14 Tagen 20 000 Kilometer zurück. *Katrin Blum*

Ein gelber Schleier zieht vom afrikanischen Festland zu den Kanarischen Inseln. Es ist Staub aus der Sahara, den Windsysteme über den Atlantik bis zum amerikanischen Kontinent tragen können – wo er vom Regen ausgewaschen wird und den Boden düngt

Wie man den Sand zum Reden bringt

Mit modernen Methoden entlocken Forscher den Sandkörnern eine Fülle von Informationen: ihr Alter, ihre Herkunft und sogar das Klima, dem sie vor langer Zeit ausgesetzt waren

Die Optisch Stimulierte Lumineszenzmethode (OSL) hilft bei der Altersbestimmung. Das Prinzip: Radioaktive Strahlung aus Zerfallsprozessen bewirkt in den Mineralen fortwährend winzige Veränderungen, die allerdings nur erhalten bleiben, wenn kein Licht auf die Sandkörner fällt. Deshalb wird der Sand aus der Tiefe einer Düne entnommen und lichtdicht verwahrt. Im Labor wird die Probe mit Licht bestimmter Wellenlängen bestrahlt, die jene Veränderungen rückgängig machen. Die Minerale selbst geben dann eine geringe Lichtmenge ab, anhand deren auf die im Dunkeln verbrachte Zeit der Sand-Probe zu schließen ist.

• Analysen mit dem Rasterelektronenmikroskop (REM) erzählen die Geschichte einzelner Sandkörner: Bruchflächen, Schrammen oder Beulen etwa von einem Transport durch Eis, Wind oder Wasser. Ätzspuren verraten bestimmte chemische Milieus, andere Verwitterungsspuren die Einwirkung von Salz oder Frost.

• Bestimmte Anteile verschiedener Schwerminerale geben Aufschluss etwa über die Herkunft des Sandes und die Windstärken, denen er ausgesetzt war.

• Eine Rotfärbung des Sandes deutet auf eine feucht-tropische Klimaperiode hin, während derer einzelne Körner infolge von Verwitterungsprozessen mit einer Ton-Eisenoxid-Schicht umhüllt worden sind. Außerdem können sie später nicht stark vom Wind bewegt worden sein – die Schicht wäre sonst abgeplatzt.

• Größenverteilung der Körner: Junge Dünen bestehen überwiegend aus Sandkörnern zwischen 0,063 und 0,125 Millimeter Größe; In einer älteren Sicheldüne hingegen gibt es besonders viele feine Körner, aber noch viel mehr zwischen 0,25 und 0,5 Millimeter Größe. Riesendünen wiederum enthalten mehr grobe Sandkörner und kaum Körner unter 0,125 Millimeter Durchmesser. Sie entstanden wohl während einer Kaltzeit mit heftigen Winden.

zugewandten **Luv-Seite*** der Düne in Bewegung setzen und sie diese hinauftreiben.

Auf dem Kamm angekommen, stürzen die Sandkörner den Hang auf der windabgewandten **Lee-Seite** hinunter und bleiben dort in lockerer Formation liegen. Schließlich werden sie von neuen herabstürzenden Körnern bedeckt: Die Düne hat sich ein Stück verlagert.

Weil an den Außenseiten des Sandkörpers weniger Material vorhanden ist, werden die Partikel dort schneller umgesetzt. Deshalb eilen die Spitzen der Düne voraus, und es entsteht die typische Sichelform. Auf der steilen, windabgewandten Seite bilden sich zudem besondere Luftwirbel. Sie saugen vor der Düne liegende Partikel an und „fegen" sie in den Sandkörper hinein. Das funktioniert jedoch nur auf hartem Untergrund. Ist der Boden in Lee dagegen locker, kommt es zum Ende der Düne.

Dann nämlich beginnen die Wirbel den Sand vor der Düne auszuheben und ein Loch zu graben. Im Extremfall verschwindet die Sicheldüne in dieser selbst geschaufelten Grube: Sie löscht sich aus.

Manchmal vermögen kleine Sicheldünen sogar auf größere, langsamere Dünen hinauf- und über sie hinwegzukriechen: Die kleinere kommt schneller voran (was sich sogar in einer mathematischen Formel ausdrücken lässt), weil ihr Volumen kleiner ist und ihre Sandmasse vom Wind schneller umgewälzt wird.

In der chinesischen Takla Makan stieß Helga Besler 1986 auf einen Barchan, der mit einer feinen Tonschicht überzogen war. Sie untersuchte die Oberfläche und erkannte, dass die Düne eine Zeit lang komplett vom Wasser bedeckt gewesen sein musste – so lange jedenfalls, dass sich die Tonsedimente auf ihr ablagern konnten.

Memo | Sand und Dünen

››› **SANDKÖRNER** haben einen Durchmesser zwischen 0,063 und zwei Millimetern.

››› **STETS SIND ES** der Wind und die Bodenbeschaffenheit, die die Form einer Düne bestimmen.

››› **BARCHANE** (Sicheldünen) können im Jahr bis zu 30 Meter weit wandern.

››› **EINIGE SANDBERGE** quietschen bei 500 bis 2500 Hertz, andere erzeugen Brummtöne zwischen 50 und 300 Hertz.

Offenbar hatte Schmelzwasser die Sicheldüne unter sich begraben, und sie war wieder trockengefallen, ohne dass sie dabei ihre Form verlor. Die Forscherin erwartet, dass die Düne sich erneut in Bewegung setzt – sobald der Wind die jetzt fest auf ihr verbackene, von Trockenrissen durchzogene Tonschicht wieder abgetragen hat und die Sandkörner locker genug sind, um vom Luftstrom angehoben zu werden.

EIN PAAR JAHRE ZUVOR war es Helga Besler in der südwestafrikanischen Namib gelungen, das Geheimnis der **Draa** zu entschlüsseln: Diese Giganten der Wüste – mehr als einen Kilometer breit, gut 100 Meter hoch und bis zu einigen 100 Kilometern lang – verlaufen meist parallel zueinander im Abstand von etwa zwei Kilometern, und auf ihnen sitzen häufig kleinere Dünen.

Jahrzehntelang wurde gerätselt, wie solche Megadünen entstehen. Die Größe war unerklärlich, die regelmäßigen Abstände erschienen merkwürdig, der hohe Anteil an sehr groben Sandkörnern war ungewöhnlich, und die Ausrichtung der Gebilde widersprach den vorherrschenden Windrichtungen.

Helga Besler überlegte: Waren die Draa vielleicht Relikte der letzten **Kaltzeit**? Einer Epoche also, in der die Winde stärker wehten? Prähistorische Dünen?

Die Fachwelt war skeptisch. Schließlich stieß die Kölnerin auf das Modell

* Blau hervorgehobene Begriffe werden im Glossar ab Seite 150 näher erklärt.

eines Meteorologen, das die Bildung von Wolkenwalzen in der Atmosphäre wiedergab. Es beschrieb gegenläufige, spiralförmige Luftströmungen, die in der Atmosphäre aus einer Kombination von kräftigen horizontalen Winden und aufsteigender Heißluft entstehen.

In der letzten Kaltzeit, so folgerte Helga Besler, hätten sich solche gegenläufigen Windspiralen auch dicht über dem Erdboden bilden können. Denn damals waren die Winde anderthalb bis zweimal stärker als heute. Und Eispanzer lagerten bis in die geographische Breite von Köln, sodass die eiskalte Luft

Am Rande der Takla Makan, nahe der chinesischen Stadt Dunhuang bestellen Bauern die Felder, während sich scheinbar gigantische Sandmassen über die Oase wälzen. Doch das Bild trügt: Die fast 100 Meter hohen Dünen sind sehr alt und bewegen sich kaum noch

der sehr warmen über dem Äquator weit näher war als heutzutage.

Die Folge waren stärkere Druckunterschiede und damit heftigere Luftbewegungen. Dort, wo sich zwei solche Luftspiralen aufeinander zu drehten, häuften sie den Sand an. Dort, wo sie sich voneinander fort drehten, fegten sie den Boden leer.

Inzwischen vorgenommene Altersbestimmungen an Sandkörnern bestätigten die Theorie der Kölner Forscherin: Die Megadünen haben sich tatsächlich vor mindestens 10 000 bis 20 000 Jahren aufgetürmt.

Diese Erkenntnis eröffnete völlig neue Spekulationen: Da die gigantischen Sandanhäufungen sich in der Kaltzeit geformt haben, müssen sie auch Informationen aus jener Epoche enthalten. Seit 1995 haben Helga Besler und ihr Team vor allem in der Großen Sandsee in Ägypten zahllose Riesendünen untersucht, aus ihnen Sandproben entnommen und diese analysiert (siehe Kasten Seite 72).

Ergebnis: Vor 9000 Jahren war es in der Gegend der heutigen Großen Sandsee deutlich feuchter als heute. Zudem stießen in jener Zeit feuchte Winde aus den Tropen – Monsunwinde – zur Großen Sandsee in rund 26 Grad nördlicher Breite vor. Somit herrschten dort unterschiedliche Windsysteme, die zu unterschiedlichen Klimazonen gehörten.

Also sind die sandigen Riesen tatsächlich Zeitzeugen einer fernen Vergangenheit. Und ihr Zeugnis wurde entzifferbar, weil die Forscher gelernt haben, die Sprache des Sandes zu verstehen. □

Dr. Henning Engeln, 53, ist GEOkompakt-Redakteur. Fachliche Beratung: **Prof. Dr. Helga Besler** und **Dr. Olaf Bubenzer**, Sonderforschungsbereich 389 (Kultur- und Landschaftswandel im ariden Afrika) am Geographischen Institut der Universität Köln.

GEO Panorama-Kalender: Sonnen-Horizonte

Landschaften zwischen Tag und Traum

Schon merkwürdig, dass Sonnenaufgang und Sonnenuntergang als kitschig gelten. Denn schwärmen nicht alle, die sie jemals bewusst erlebt haben, gerade von diesen Zaubermomenten des Tages? Ein Kalender zum Schwärmen im Breitwandformat!

Format: 137 x 60 cm
Preis: € 99,- /
€ [A] 102,40 / CHF 164.-
Best.-Nr.: G 609000

10% Rabatt!

- **Für GEO-Abonnenten bei jedem Kalender!**
- **Für Besteller von mehr als einem Kalender auf den regulären Einzelpreis!**

Machen Sie 2008

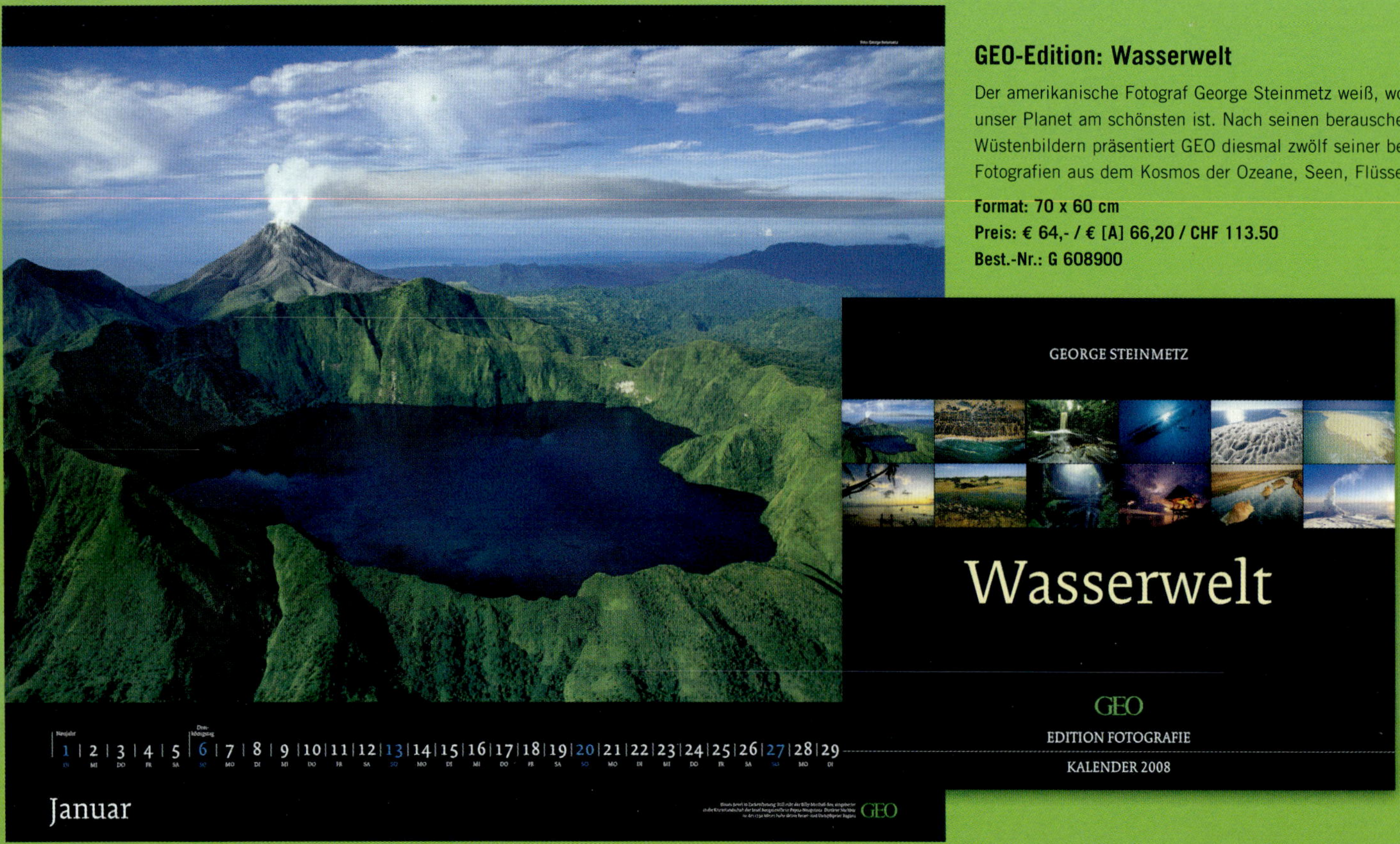

GEO-Edition: Wasserwelt

Der amerikanische Fotograf George Steinmetz weiß, wo unser Planet am schönsten ist. Nach seinen berauschenden Wüstenbildern präsentiert GEO diesmal zwölf seiner besten Fotografien aus dem Kosmos der Ozeane, Seen, Flüsse.

Format: 70 x 60 cm
Preis: € 64,- / € [A] 66,20 / CHF 113.50
Best.-Nr.: G 608900

Harald Martenstein über ertrunkene Sahara-Bewohner, Wüstensand für deutsche Kleingärten und Körner mit einem Durchmesser von 0,063 Millimetern

Wasser aus der Wüste

Exotisches Mineralwasser – in Europa ist das ein Lifestyle-Trend. Nun liegen unter der Sahara gigantische Speicher. Könnte man deren Wasser nicht hier verkaufen? Sagen wir: für sechs Euro die Flasche?

Ich soll dieses Heft mit dem Blick eines Laien gegenlesen und mich dazu äußern, ob ich alles verstanden habe. Gleich in den ersten Beiträgen habe ich vier Dinge nicht verstanden, ich habe die Redaktion gebeten, mir dies zu erklären.

Erstens. In dem Beitrag über die Sahara steht, dass man dort die Skelette von ertrunkenen Menschen gefunden habe. Ich möchte gern wissen, woran man bei einem Skelett merkt, dass der ehemalige Skelettbesitzer den Ertrinkungstod gestorben ist.

Jetzt könnte die Antwort natürlich lauten, dass die Skelette in ausgetrockneten Seen gelegen haben. Auf diese Idee bin ich ja schon selber gekommen. Es könnte doch aber auch ein Bestattungsritus gewesen sein, das heißt, der frühe Sahara-Mensch hat seine Verblichenen nicht vergraben, sondern in die damals reichlich vorhandenen Gewässer der Sahara-Seenplatte getan. Das tun doch auch die Inder. Manche Inder, besser gesagt. Man soll nicht pauschalisieren.

Zweitens. Die Wüstenstaaten haben es bekanntlich in der Wirtschaftspolitik nicht leicht, außer wenn Öl bei ihnen fließt. Diesem Heft entnehme ich, dass der Wüstensand aufgrund seiner Mineralien relativ fruchtbar sei. Das heißt, wenn man genügend Wasser auf den Sand gießt, dann blüht die Wüste.

Das habe ich schon als Kind in dem Film „Die Wüste lebt" gesehen, einem Film von Walt Disney. Ein toller Film war das. Es regnete, und die Wüste verwandelte sich in dem Film innerhalb von 30 Sekunden in ein tropisches Paradies.

Wenn aber die Wüste blüht, sobald es regnet, wieso exportiert man dann nicht einfach den Wüstensand in regenreiche Gebiete, zum Beispiel nach Deutschland? Ich habe einen Kleingarten gehabt, ich weiß, wie schwer es oft ist, in Deutschland etwas zum Blühen zu bringen.

Drittens. Unter der Sahara befinden sich gewaltige Wasserspeicher, die ausreichen würden, die Wüste 40 Meter hoch zu überfluten. Ich verstehe ohne weiteres, dass es nichts Entscheidendes bringen würde, dieses Wasser nach oben zu pumpen, weil es in der Hitze blitzschnell verdunsten oder im Sand, der erst mal kurz blüht, langfristig nutzlos versickern würde.

Das ist ja eine wasserwirtschaftlich total verkorkste Situation da unten in der Wüste. Aber ich bin kürzlich in der Sauna gewesen und dort hatten sie, für sechs Euro die Flasche, Mineralwasser von den Fidschi-Inseln. Fast alle in der Sauna haben Fidschi-Wasser getrunken.

»Wer sich mit den Sandmeeren der Erde beschäftigt, wird um ein Gespräch über den Mittelschluff auf Dauer nicht herumkommen«

Das ist so ein Lifestyle-Trend zurzeit, man trinkt exotisches Mineralwasser, obwohl das wegen der langen Transportwege ökologisch eine verwerfliche Tat ist. Warum verkaufen die Wüstenstaaten nicht einfach Mineralwasser? Tschadquelle? Das wäre doch noch exotischer als Fidschi-Wasser.

Das würden die wohlhabenden Dekadenzler in den europäischen Saunen für sechs Euro in sich hineinschütten, und der Tschad hätte ein weltmarktfähiges Lifestyle-Produkt mit hoher Rendite.

Das Wichtigste an einer Wüste ist der Sand. Jetzt weiß ich also, nach der Lektüre der ersten Beiträge, dass man unter „Sand" streng wissenschaftlich eine Ansammlung von Körnern steiniger, meist steiniger oder zumindest vornehmlich steiniger Konsistenz versteht, die einen Durchmesser von mindestens 0,063 Millimetern und höchstens zwei Millimetern haben. Darauf hat man sich weltweit geeinigt.

Ich weiß nun auch, dass Wissenschaftler Körner, die größer als Sand sind, „Kies" nennen – und kleinere Partikel „Staub". Es gibt Steinwüsten oder Kieswüsten, von Staubwüsten aber habe ich noch nie gehört. Das kommt sicher noch, weil der Sand von der erbarmungslosen Witterung da draußen immer weiter abgeschmirgelt wird. In einigen Millionen Jahren beginnt dann die große Zeit der Staubwüsten, und die letzten Kieswüsten werden unter Naturschutz gestellt.

Im normalen Zivilleben unterscheidet man zwischen „Sand", „Kies" und „Staub" ja rein instinktiv. Mir leuchtet ein, dass es da eine wissenschaftliche Grenze geben muss, wenn ein Forscher von einer Expedition nach Hause zurückkehrt, macht es für die Zuhörer schon einen Unterschied, ob er sagt, ich war monatelang im Sand unterwegs oder im Kies.

Nun die vierte Frage. Wieso beginnt der Kies bei der hübsch runden Zahl von zwei Millimetern, während die offizielle Untergrenze des Sandkorns bei den eigenartig krummen 0,063 Millimetern liegt?

Ich vermute, dass sich bei 0,062 Millimetern eine bestimmte Eigenschaft des Körnchens verändert, vielleicht die Rieseleigenschaft. Jedenfalls ist diese Eigenschaft das, was ein Sandkorn überhaupt erst – wissenschaftlich gesehen – zu einem Sandkorn macht. Das heißt, wir hätten es hier, bei dieser Eigenschaft, mit der geistigen Essenz und der Definitionsgrundlage des Sandes zu tun, mit anderen Worten: mit der auf den Begriff gebrachten Idee der Wüste.

Es könnte die Zahl 0,063 aber auch das Ergebnis einer bürokratischen Verhandlung sein, ein Kompromiss zwischen verschiedenen Lagern und Interessengruppen, wie es auch häufig bei Grenzwerten der Europäischen Union der Fall ist.

Es gab vielleicht chinesische Forscher, die alles Steinige unterhalb von 0,065 Millimetern für ganz und gar staubig erklären, während die USA die Staubgrenze erst bei 0,06 ziehen, damit es bei den Antiamerikanern nicht heißt, Amerika staubt. Da hat man sich halt bei 0,063 getroffen.

Verstehen Sie? Das wüsste ich gern.

Hier nun die Antworten der Redaktion. Zu dem Skelett teilte mir der zuständige Experte mit, es habe sich in einer ungeordneten Körperlage, ohne Grabbeigaben und ohne Spuren von Krokodilbissen kilometerweit vom damaligen Ufer entfernt befunden. Der Experte räumt aber ein, dass dieser bedauernswerte Mensch auch beispielsweise beim Schwimmen oder Segeln an einem Herzinfarkt gestorben sein könnte. Es ist ja wissenschaftlich vermutlich unbekannt, seit wann es Herzinfarkte und Segeltörns gibt.

Beim Sand ist es so, dass die in ihm enthaltenen Nährstoffe nur deshalb in ihm enthalten sind, weil es in der Wüste fast nie regnet. Bei unserem unwüstigen Wetter würde der Regen den Sand durch Auswaschung recht bald unfruchtbar machen.

Die Idee mit dem Mineralwasser aber wurde allgemein als gelungen empfunden. Warum macht der Tschad das eigentlich nicht? Zwar brauchen sie im Tschad selber dringend Wasser, aber von den sechs Euro, die man für das Lifestyle-Wüstenwasser in meiner Sauna vermutlich erlösen könnte, wäre der Tschad in der Lage, mindestens zwölf Flaschen billiges deutsches Mineralwasser zu kaufen. Die müssten dann in den Tschad transportiert werden.

Das klingt verrückt. Aber das ist halt die Globalisierung. Da entscheidet nicht der Verstand, sondern der Markt.

Der offizielle Grenzwert für Sandkorngrößen aber hat die Experten tatsächlich ratlos gemacht. Es ist sehr schwierig, herauszufinden, was in den Gehirnen der zuständigen Personen passiert ist, als die führenden Sandgremien der Welt, wie immer sie heißen mögen, sich auf den Sandkorngrenzwert einigten. Vielleicht hängt es mit den Strömungseigenschaften zusammen? Bestimmte Körner werden vom Wasser weggespült. Andere bleiben liegen. Das ist natürlich nur eine Theorie. „Schwache Strömungen transportieren nur noch Schluffe", schrieb mir eine Expertin.

Das, was kleiner als Sand ist, heißt nämlich offiziell „Schluff" – und Staub nur dann, wenn es vom Winde verweht wird. Unter einem Schluff versteht man einen unverfestigten Feinboden von 0,002 bis 0,063 Millimeter Durchmesser, wobei mindestens 95 Prozent der Körner diese Größe besitzen müssen, ansonsten handelt es sich um keinen echten Schluff mehr, sondern vielleicht um Halbschluff, Scheinschluff oder Teilschluff. Beim echten Schluff unterscheidet man zwischen Grobschluff, Mittelschluff und Feinschluff.

Und bei den Schluffgrößen gibt es tatsächlich zwei rivalisierende Kategorisierungssysteme, die deutsche DIN und die Wentworth-Skala, das heißt, ein Deutscher und ein Chinese meinen nicht unbedingt das Gleiche, wenn sie von einem besonders schönen Mittelschluff sprechen.

Wer sich also wirklich intensiv mit den Sandmeeren dieser Erde befasst, der wird um ein Gespräch über den Mittelschluff auf die Dauer wohl nicht herumkommen. □

Harald Martenstein, 54, ist Schriftsteller und Kolumnist in Berlin.

تمبوكتو ٥٢ يوما
TOMBOUCTOU 52 JOU

Reise zu einer Fata Morgana

Text: Ralf Berhorst

1827 macht ein junger Franzose sich auf zu seinem Sehnsuchtsziel – einer Stadt im Süden der Sahara, aus der noch nie ein Forscher lebend zurückgekehrt ist und von der die Legenden schwärmen. Goldstrotzend soll sie sein und ein Zentrum der Gelehrsamkeit: Timbuktu

Wegweiser für Karawanen: Mit mindestens 52 Tagesmärschen mussten Händler rechnen, die ihre Waren auf dem Rücken ihrer Kamele von Südmarokko nach Timbuktu bringen wollten. Der französische Abenteurer René Caillié hingegen sucht die Wüstenstadt 1827 von der Küste Guineas aus zu erreichen

Als Muslim getarnt: Um als Europäer nicht Gefahr für Leib und Leben zu riskieren, hüllt sich Caillié in ein langes Gewand und lernt Arabisch. Nur heimlich macht er Notizen für seinen Reisebericht, aus dem diese Abbildung stammt

Im Mittelalter haben Tuareg die Stadt gegründet, die schon bald zum Mythos wurde

Seit 366 Tagen schleppt sich René Caillié nun schon durch Westafrika. Von Kakondy, einem Dorf unweit der Küste Guineas, ist der junge Franzose am 19. April 1827 aufgebrochen, immer weiter ins unbekannte Innere des Kontinents hinein – ohne auch nur zu ahnen, wie weit es bis zu seinem Ziel sein würde. Er ist über steinige Ebenen, Granitberge und schwankende Brücken marschiert, durch glühende Hitze, Sandstürme, trommelnden Regen und neblige Wälder, lag monatelang krank darnieder. Über viele Wochen hat er in einem lecken Plankenboot den Niger befahren. Verkleidet als frommer Muslim, um nicht als Europäer erkannt zu werden.

Kaum ein vergleichbares Wagnis kennt die Entdeckungsgeschichte Afrikas: Auf sich allein gestellt und nur mit spärlichster Ausrüstung dringt der Franzose in Gebiete vor, von denen viele selbst in den Jahrzehnten darauf von keinem anderen Forscher betreten werden. Caillié sieht vermutlich mehr von Afrika als jeder Europäer vor ihm. Und ist dabei stets in Gefahr, dass seine Tarnung entdeckt und er ausgeraubt oder gar umgebracht wird.

Am Abend des 20. April 1828 erblickt er endlich, was er all die Monate gesucht hat: Vor ihm, am Südrand der Sahara, liegt im Licht der untergehenden Sonne die Wüstenstadt Timbuktu. Ein sagenumwobener Ort, eine Stadt der Träume und Legenden – erbaut in lebensfeindlicher Ödnis und so unwirklich wie eine Luftspiegelung, unendlich fern und daher unendlich verlockend.

Timbuktu, so glauben die Menschen in Europa, ist der Mittelpunkt eines unerschöpflich reichen Goldlandes, eines afrikanischen Dorado. Timbuktu, so hat ein muslimischer Gelehrter des Mittelalters geschrieben, sei „die größte Stadt, die Gott je erschaffen hat".

Und nun schickt sich ein unerfahrener Amateurforscher an, deren Mysterium zu ergründen.

Doch ganz sicher kann sich Caillié selbst in diesem Moment nicht sein, ob nicht alle Anstrengungen vergeblich gewesen sind. Ob ihm nicht ein Konkurrent zuvorgekommen ist. Jener britische Offizier, von dem manche sagen, er liege tot irgendwo in der Wüste. Der aber möglicherweise längst im fernen London gefeiert wird. Als Sieger eines abenteuerlichen Wettrennens – als Entdecker Timbuktus.

Von der Sahara besessen: **Eine Schusterlehre bricht er ab, um Entdecker zu werden. Zwölf Jahre verliert René Caillié sein Ziel nicht aus den Augen, der dritte Versuch ist von Erfolg gekrönt**

Um das Jahr 1100 haben Tuareg-Nomaden die Stadt im Süden der Sahara gegründet – dort, wo sich die Wege der Salz- und Handelskarawanen kreuzten. Hundert Jahre später ist Timbuktu einer der bedeutendsten Warenumschlagplätze Afrikas. Lärmend vor Geschäften und von „buntem Leben" erfüllt sei die Stadt, berichtet 1352 ein marokkanischer Reisender.

Ihr Herrscher, der Sultan von Mali, sei mit großem Prunk nach Mekka gepilgert, in seinem Gefolge Tausende Soldaten, Hunderte Sklaven, mit Gold beladen, sowie zahllose Kamele, Pferde und Lasttiere. In der Heiligen Stadt habe der Sultan 20 000 Goldstücke als Almosen verteilt. Noch Jahre später erzählt man sich in der gesamten muslimischen Welt von dieser Reise. Arabische Gelehrte, berühmte Dichter und Baumeister ziehen an den Hof des Sultans.

1375 wird die Wüstenstadt erstmals auf einer europäischen Karte verzeichnet: als „Timbouct" irgendwo in den Weiten Afrikas. Genaues aber weiß man nicht, alle Angaben beruhen auf den Berichten reisender Kaufleute.

„Im Überfluss" gebe es dort Süßwasserbrunnen, Getreide und Vieh, erzählt ein maurischer Geograph zu Beginn des 16. Jahrhunderts, und gezahlt werde mit purem Gold. Der König von Timbuktu lebe in einem großen Palast und gebiete über Schätze an „Goldplatten und -stangen, deren einige 1300 Pfund wiegen".

Es sind Geschichten wie diese, die in Europa einen Mythos begründen.

Zu jener Zeit haben portugiesische Seefahrer an den Küsten Afrikas be-

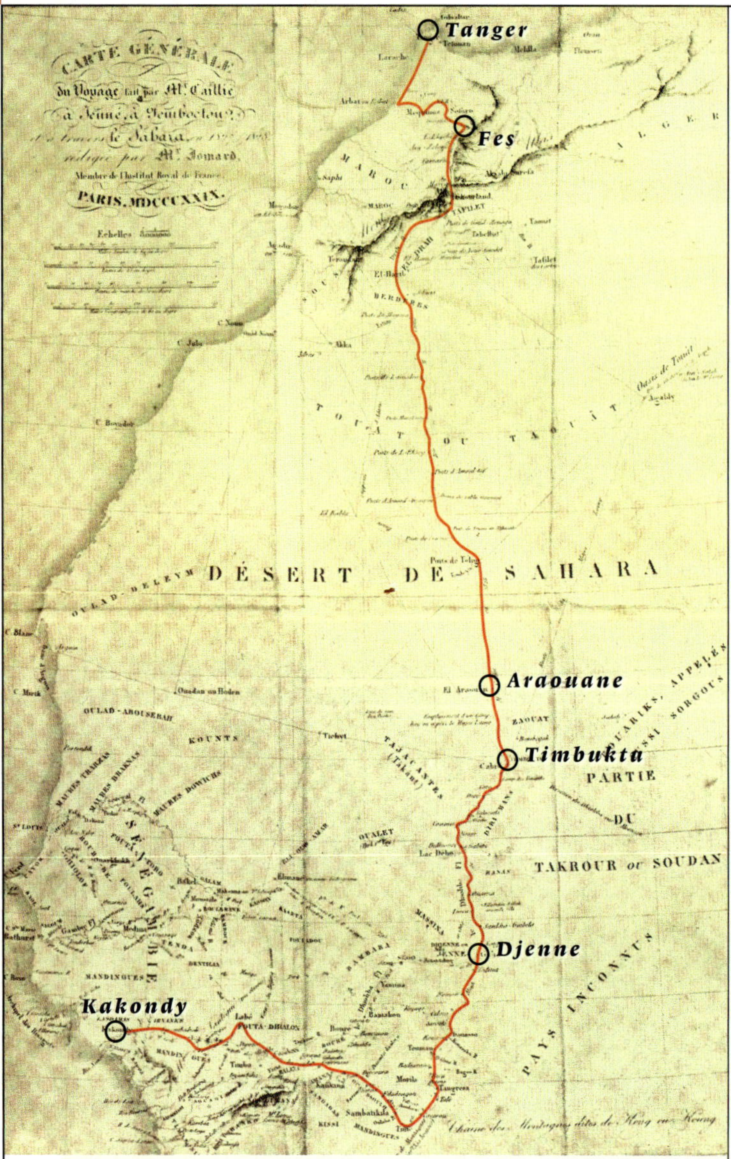

508 Tage lang ist Caillié unterwegs: erst von dem küstennahen Dorf Kakondy auf dem Landweg ins Innere Afrikas, dann auf dem Niger bis nach Kabara, dem Hafen vor Timbuktu, danach durch die Sahara nach Marokko und zurück nach Toulon (Karte von 1829)

reits Handelskontore gegründet. Doch das Landesinnere bleibt fast unerschlossen, zu undurchdringlich sind die Wälder und Bergketten im Westen, zu abschreckend ist die Sahara im Norden, zu gefährlich sind die vielen Krankheiten, gegen die keine Mittel bekannt sind.

Vom 17. Jahrhundert an errichten Engländer und Franzosen im Westen Afrikas Niederlassungen, vor allem im Mündungsgebiet der Flüsse Senegal und Gambia, und verschiffen von dort jedes Jahr Sklaven zu Tausenden in ihre Kolonien.

Und doch weiß man in Europa über das Innere des Kontinents noch so wenig wie zur Zeit des griechischen Historikers Herodot, der im 5. Jahrhundert v. Chr. Afrika das „Land der wilden Tiere" genannt hatte – und von Timbuktu nur, dass es nahe dem Fluss Niger liegen soll.

Wer zuerst zu der Handelsmetropole im Herzen Afrikas vordringt, so viel scheint sicher, dem eröffnen sich gewaltige Absatzmärkte. Reiche Privatleute gründen deshalb 1788 in London die „African Association", sie soll Forscher unterstützen, die den Lauf des Niger und die Lage des geheimnisvollen Timbuktu erkunden wollen.

1790 macht sich der englische Major Daniel Houghton von Gambia aus auf die Suche nach der Stadt. Er wird von Nomaden in der Wüste ausgeraubt und stirbt bald darauf. Fünf Jahre später folgt ihm der Schotte Mungo Park. Auch er wird überfallen, kann sich aber – zerlumpt und hungernd – zum Niger durchschlagen, den er am 21. Juli 1796 als erster Europäer erblickt: So „breit wie die Themse bei Westminster" sei der Strom, der vor ihm in der Sonne glitzert und nach Osten strömt. Doch nach Timbuktu gelangt er nicht.

1824 setzt die Pariser Société de Géographie 10 000 Franc als Preisgeld aus für den ersten Reisenden, der Timbuktu erreicht und von dort einen Bericht nach Europa bringt.

Beste Aussichten, die Prämie zu kassieren, hat schon bald der Schotte Alexander Gordon Laing: Im Juli 1825 macht sich der britische Offizier im Regierungsauftrag vom libyschen Tripolis in Richtung Süden auf. Laing soll nach Timbuktu vorstoßen und von dort aus den Niger erforschen. Er kommt auf den Karawanenwegen gut voran – und so spricht viel dafür, dass er den Lebenstraum eines jungen französischen Provinzlers zerstören wird, der seit Jahren selbst versucht, Timbuktu zu erreichen.

Bereits als Kind fantasiert René Caillié davon, sich als Entdecker einen Namen zu machen. Der 1799 im westfranzösischen Mauzé geborene Bäckerssohn wächst in einfachen Verhältnissen auf. Mit elf Jahren ist René, ein zarter Junge mit dunklen Augen und braunen Haaren, Vollwaise.

Großartig sind dafür die Gegenwelten, in die sich der neugierige und ehrgeizige Junge flüchtet. Er sehnt sich in ferne Länder. Liest Bücher über Geographie und Berichte über Entdeckungsfahrten. Und immer wieder „Robinson Crusoe".

Eine besondere Magie übt auf ihn die Karte Afrikas mit ihren großen, noch weißen Flecken aus. Bald steht sein Ziel fest: Er will „Timbuktu sehen oder untergehen", wie er später in seinem Reisebericht schreibt.

Zwar schickt ihn sein Onkel in eine Schusterlehre, doch die bricht Caillié mit 16 Jahren ab und reist, mit nur 60 Franc in der Tasche, zum Hafen von Rochefort.

Ein Rivale ist schon auf dem Weg nach Timbuktu – uneinholbar, wie es scheint

Einzug in die Wüstenstadt: **Nur auf sich gestellt, ohne jede Landkarte, gelangt Caillié nach Timbuktu. Später – hier ein Stich von 1857 – reisen Europäer mit gut ausgerüsteten Karawanen an**

Dort liegt ein Schiffsverband mit Ziel Senegal bereit, und der Heranwachsende kann als Offiziersdiener auf einem Frachtschiff anheuern. Zehn Wochen später, im Juli 1816, betritt er in der französischen Kolonialstadt Dakar erstmals afrikanischen Boden.

Doch René Caillié ist zu jung und unerfahren. Schon nach wenigen Monaten bricht er den Aufenthalt ab. Ende 1818 wagt er einen zweiten Anlauf. Dieses Mal hält er länger durch, kann sich sogar einer Expedition durch die Wüste anschließen, erkrankt jedoch schwer und kehrt daraufhin nach Frankreich zurück.

Der Kindheitstraum aber ist keineswegs aufgegeben. 1824 ermöglicht ihm ein Kaufmann aus Bordeaux die Rückkehr in den Senegal. Diesmal will Caillié auf eigene Faust ins Landesinnere ziehen, unauffällig im arabischen Gewand: Denn Forscher aus Europa mit ihren Messinstrumenten gelten als Spione, als Vorhut künftiger Eroberer; viele werden ausgeraubt, gefangen genommen oder gleich getötet.

Sorgfältig bereitet Caillié seine Tarnung vor. Acht Monate lang lebt er bei Mauren, lernt Arabisch, fastet während des Ramadan und übt sich darin, von Kamelmilch und Hirsebrei zu leben.

Dann spricht er beim französischen Gouverneur des Senegal vor. Doch der unterstützt sein Vorhaben nur mit ein paar Tauschwaren. Auch von den Engländern in Sierra Leone erhält Caillié kein Geld. Stattdessen verschafft man ihm dort einen gut bezahlten Posten als Direktor einer Indigo-Fabrik: Die Briten wollen Caillié unbedingt an der Küste festhalten, denn Major Laing ist bereits seit Monaten von Tripolis aus nach Timbuktu unterwegs, wie man ihm ganz offen erklärt – und natürlich soll ein Abenteurer aus der französischen Provinz dem Königlichen Afrika-Korps nicht in die Quere kommen.

Als erster Forscher **erreicht der Schotte Alexander Gordon Laing 1826 Timbuktu – doch hat er den Rückweg überlebt?**

Caillié weiß nun um den Rivalen und dessen Vorsprung. Er geduldet sich, bis er ein Drittel des benötigten Betrages zusammengespart hat: 2000 Franc müssen reichen. Dann deckt er sich mit Tauschwaren ein, mit Pulver, Papier, Tabak, Glasperlen, Bernstein, Korallen, Seidentaschentüchern, Messern, Scheren, Spiegeln, Gewürznelken. Und er kauft einen Regenschirm.

Die restlichen 300 Franc wechselt er in Gold- und Silbermünzen und verbirgt sie in seinem Gürtel. Er packt Medikamente ein, zwei Taschenkompasse und lose Blätter aus dem Koran.

Dann reist er per Schiff von Freetown 80 Kilometer nach Norden. Dort, im Dorf Kakondy, vollzieht er seine Verwandlung. Aus René wird „Abdallah“, ein „Diener Gottes“: Er legt eine *coussabe* an, einen arabischen Umhang, und erfindet eine Geschichte: Er sei als Sohn arabischer Eltern in Ägypten geboren. Noch als Kind hätten ihn französische Soldaten verschleppt. Im Senegal sei er wieder in die Freiheit entlassen worden, nun wolle er zu seiner Familie nach Ägypten zurück und die islamische Religion annehmen. Der Weg dorthin soll über Timbuktu führen.

Ein riskantes Spiel, denn sollte er enttarnt werden, ist sein Leben in Gefahr.

Es graut der Morgen des 19. April 1827, als sich Caillié in Kakondy in Guinea einer kleinen Karawane ins Landesinnere anschließt. Zu der Truppe gehören drei Sklaven, ein Träger, der sein Gepäck schleppt, sowie ein Führer und dessen Frau, die abends für die Gruppe kocht.

Im Strom der Händler will der 27-Jährige in Richtung Timbuktu reisen, von Dorf zu Dorf, von Stadt zu Stadt. Entlang jener Routen, auf denen europäische Waren – Gewehre, Pulver, Feuersteine, Stoffe, Bernstein, Glaswaren – in den dunklen Kontinent gelangen und Hirse, Reis, Vieh, Salz und Sklaven zurück an die Küste.

Er hat weder eine Landkarte noch eine Uhr dabei, nur heimlich kann er die beiden Kompasse benutzen und seine Aufzeichnungen machen. Er hat erfahren, dass Timbuktu irgendwo am mittleren Niger liege, nicht aber, wie weit es bis dorthin ist.

Zunächst passiert die Karawane fruchtbares Bergland mit Äckern, Reisfeldern, Viehherden. Viel Proviant hat Caillié nicht mitgenommen. In den Dörfern sind für ein paar Glasperlen Ananas und Bananen einzutauschen, auch Reis, Milch, Jamswurzeln, Kolanüsse, Maniok oder Mais-Brot.

Jetzt beginnt die Regenzeit, nachts hüllen Mückenschwärme die Reisenden ein. Der Franzose marschiert barfuß, weil seine Sandalen zu eng sind. Nach einigen Wochen ist seine Ferse zu wund gelaufen, um durch Sümpfe und Flüsse zu waten.

Anfang August ist Caillié daher zu einer Pause gezwungen. In einem kleinen Dorf mietet er sich im Tausch gegen etwas Stoff und eine Schere eine Hütte. Das aufkommende Fieber bekämpft er mit **Chininsulfat***. Drei Monate dauert es, bis der Fuß kuriert ist. Doch dann beginnt plötzlich der Kiefer zu schmerzen – Caillié ist an **Skorbut** erkrankt: „Das Fleisch an meinem Gaumen verschwand, Knochenteile lösten sich ab, und meine Zähne schienen in den Zahnhöhlen keinen Halt mehr zu finden.“

Verloren in der Fremde, verlässt ihn der Mut: „Ich hatte meine ganze Energie verloren. Die Schmerzen raubten mir jeden Gedanken. Ich dachte nur noch an den Tod.“

Doch dann, sechs Wochen später, erholt er sich – und denkt sofort wieder an Timbuktu. Mitte Januar 1828, nach mehr als fünf Monaten Zwangspause, kann sich Caillié einer großen Karawane anschließen, die zur Handelsmetropole Djenne zieht. Bald schwillt der Tross auf über 500 Reisende an; in diesem Gewühl fällt der merkwürdige Fremde nicht auf.

Menschen in Timbuktu, **wie ein Handbuch historischer Kleidung sie 1888 präsentiert. Angehörige verschiedener Völker und Stämme kamen in die Stadt, um dort etwa Kamelmilch einzutauschen**

Knapp zwei Monate später trifft die Karawane in Djenne ein. Die geschäftige Stadt wird von den zwei massigen Türmen der Moschee überragt und von einer etwa vier Kilometer langen Lehmmauer umschlossen. Vielleicht 10 000 Menschen leben hier. Händler, Schneider, Schmiede, Maurer, Schuster und Fischer.

Caillié kommt ein Gerücht zu Ohren: Ein junger Maure behauptet, so notiert er, „dass ein Christ nach Timbuktu gekommen sei, den man auf der Straße angehalten und niedergeschlagen habe“. Der Mann sei lange in der Stadt geblieben, um sich zu erholen, später aber gestorben.

Handelt es sich bei dem Mann um Alexander Gordon Laing? Das hieße, dass sein britischer Konkurrent schneller war – und doch gescheitert ist.

Trifft das Gerücht zu, so darf der Mann aus Mauzé noch auf die 10 000 Franc der Pariser Société de Géographie hoffen. Wenn es ihm gelingt, lebend aus Timbuktu nach Europa zurückzukehren.

Zumindest hat er es auf der nächsten Wegstrecke bequemer: Von Djenne aus kann Caillié per Schiff auf dem Niger weiterreisen, inzwischen ganz allein. Er steigt in eine der großen Handelspirogen, die zwischen Djenne und Kabara pendeln, dem Hafen nahe Timbuktu, manchmal in Verbänden von 60 oder 80 Booten.

Etwa 30 Meter lang ist das Schiff, vier Meter breit in der Mitte: ein zerbrechlicher Frachtkahn aus Planken, zusammengebunden mit Hanfseilen, die Fugen abgedichtet mit

* Blau hervorgehobene Begriffe werden im Glossar ab Seite 150 näher erklärt.

zerstampftem Stroh und tonhaltigem Schlamm. Stets müssen zwei Männer Wasser aus dem Rumpf schöpfen. Über das schmale Deck spannt sich ein Holzgerüst, darüber sind Palmmatten gelegt, die vor der sengenden Sonne schützen. Die Handelswaren sind mit Seilen festgezurrt: Reis, Hirse, Butter, Honig, Zwiebeln, Pistazien, Kolanüsse, Stoffe und Kleidung. Auch etwa 50 Sklaven zählen zur Fracht.

Das Schiff hat kein Segel, es wird getreidelt, vom Ufer aus an Seilen gezogen, oder die Besatzung stakt es vom Deck aus mit Stangen vorwärts, greift zu Paddeln, wenn der Niger zu tief ist. Sobald etwas Wind aufkommt, muss die Piroge anlegen, um nicht in den Wellen zu kentern oder zu zerbrechen – es ist eine langsame Fahrt. Bis Timbuktu, so erfährt Caillié, werde es einen Monat dauern.

Nach den Strapazen des Fußmarsches erlebt der Franzose nun ganz andere Beschwernisse: An Bord zählt der sonderbare Pilger kaum mehr als ein Sklave, er wird misstrauisch

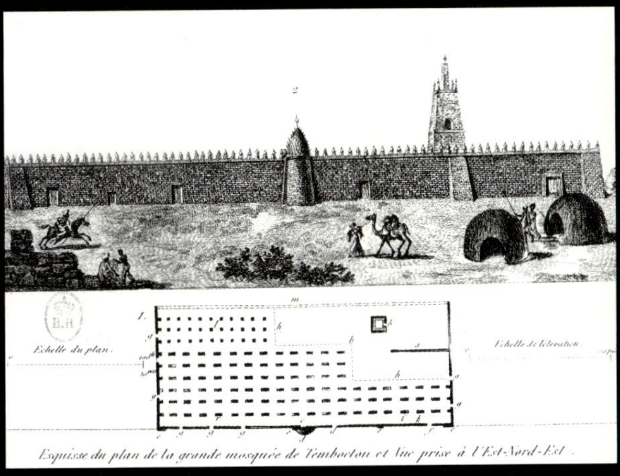

Den Muslimen heilig: **Die Sankoré-Moschee wurde um 1430 errichtet. Drei große Gebetsstätten zählte einst Timbuktu, Ungläubige durften die Stadt nicht betreten**

beobachtet und beschimpft. Tagsüber findet er kaum Schutz vor der Sonne. Wenn abends das Boot bei einem Dorf oder am unbewohnten Ufer hält und die Frauen in ihren tragbaren Tonöfen Feuer machen und darauf kochen, erhält er nur ein wenig Reis mit getrocknetem Fisch und Pflanzenbutter. In den kühlen Nächten muss er auf dem offenen Deck schlafen, zusammengekauert auf einem Gepäckstapel.

So vergeht Tag um Tag. Der Niger windet sich in Schleifen und Kurven, teilt sich in Arme, die kleine Inseln umfassen, weitet sich zu einem See, verengt sich wieder zum Strom. Krokodile und Flusspferde heben den Kopf aus dem Wasser, am sumpfigen Ufer grasen Rinder- und Schafherden. Caillié ist bald ermüdet von den „unendlichen und eintönigen Ebenen", an denen die Piroge vorbeigleitet.

Die Uferregionen des Nigers werden von den Tuareg kontrolliert. Vor Timbuktu stoppen sie die Handelspirogen, steigen an Bord und pressen den Flussfahrern Wegezoll ab. Weil die Tuareg ihn für einen reichen arabischen Händler halten könnten, muss sich Caillié unter Palmmatten verstecken und tagelang in seinem heißen Schlupfloch ausharren, eingewickelt in eine Wolldecke.

Erst in Kabara, der kleinen Hafenstadt nahe Timbuktu, darf er sich wieder zeigen. Jetzt ist es nur noch ein Tagesmarsch auf weichem Sand bis zur Wüstenstadt.

Die Sonne senkt sich am 20. April 1828 bereits über der weiten Sandebene, als am Horizont endlich die Umrisse von Häusern auftauchen: Vor Caillié liegt das Sehnsuchtsziel seiner Kindheit, der Fixpunkt europäischer Fantasien von Reichtum und Überfluss, das mysteriöse Timbuktu. Nach genau einem Jahr und einem Tag, völlig auf sich allein gestellt und unter großen Gefahren, hat Caillié geschafft, woran erfahrene Forschungsreisende vor ihm gescheitert sind.

Er ist außer sich vor Freude. Doch rasch folgt Ernüchterung. Gewiss, staunenswert ist der Anblick einer Stadt, erbaut inmitten unfruchtbarer Ödnis. Aber Timbuktu ist viel kleiner als erwartet, ein Dreieck von kaum fünf Kilometer Umfang. Zu sehen sind nur Strohhütten und ärmliche Lehmhäuser, kein Palast. „Ich hatte mir von Ausdehnung und Reichtum der Stadt eine viel großartigere Vorstellung gemacht, als es die Wirklichkeit bot", gesteht sich Caillié. Kein Vogelgezwitscher ist zu hören, kein Hundegebell. Er nimmt Quartier in einem Wohnhaus und stärkt sich mit Couscous.

In den Tagen darauf durchstreift er die Stadt. Die flachen, geräumigen Häuser sind aus runden, in der Sonne getrockneten Ziegeln erbaut. Die Straßen breit und sauber. Die Frauen tragen Kopfbedeckungen aus Musselin oder europäischen Stoffen, Glasperlenketten und Armreifen aus Silber. Wenige Händler und Fremde sind zu sehen. Nur einige Kamele schieben sich durch die Gassen, beladen mit Waren aus dem Hafen Kabara. Schlafende dämmern im Schatten der Hauseingänge, Kaufleute preisen Kolanüsse an. Sonst wirkt der Marktplatz im Vergleich zum umtriebigen Djenne wie „ausgestorben". Alles, notiert Caillié, atme „tiefe Traurigkeit".

Doch er stellt fest, dass Timbuktu ein großer Handelsplatz ist. Von Kamelkarawanen hergebrachte Waren aus Tripolis, Tunis und Algier werden hier zwischengelagert, dann mit Karawanen oder in Pirogen auf dem Niger weitergeschafft. Ebenso die Salzplatten, die Sklaven in den 15 Tagesreisen entfernten Minen von Taoudenni aus dem Boden brechen. Es

Sein Sehnsuchtsziel ernüchtert Caillié: Es ist ärmlich und viel kleiner als erwartet

Sein Rückweg führt Caillié durch die Sahara nach Norden. Das schafft er als erster Forscher

ist der Salzhandel, von dem die Stadt seit Jahrhunderten lebt, ohne den sie wohl nicht existieren würde.

Denn nichts kann mitten in dieser großen Ödnis angebaut werden, es gedeihen nur Trockensträucher. Alles müssen die Menschen von weither heranschaffen. Das Futter für Vieh und Kamele kommt aus den Sümpfen von Kabara. Es gibt fast kein Brennholz, die Öfen werden mit getrocknetem Kamelmist beheizt. Im Nordwesten der Stadt sammelt sich das Regenwasser in offenen Zisternen.

Caillié besichtigt die drei großen Moscheen Timbuktus, darunter die berühmte Sankoré-Moschee, die um 1430 errichtet wurde, etwa vier Jahrzehnte, bevor mächtige **Songhai** die Stadt eroberten. Zu Beginn des 16. Jahrhunderts blühte der Handel, waren hier zahlreiche muslimische Gelehrte ansässig. Sie machten die Sankoré-Moschee zu einer Art Universität und richteten Bibliotheken mit Hunderten von Manuskripten ein. Bis zu 50 000 Menschen sollen damals in Timbuktu gelebt haben.

Im 18. Jahrhundert gewannen wieder Tuareg die Oberhand über die Region. Und es begann der Abstieg Timbuktus: Viele Menschen flohen, Häuser verfielen, der Handel nahm ab. Doch in Europa lebte der Mythos fort – auch wenn der Glanz der Songhai-Epoche längst verblasst, die Bevölkerung auf ein Drittel geschrumpft war.

Heimlich fertigt Caillié eine Skizze der Stadt. Und zieht Erkundigungen ein über das Schicksal des Schotten Laing. Der Offizier, so hört er, sei einige Tagesmärsche vor der Stadt von Tuareg ausgeraubt und fast tot geschlagen worden. Er habe es aber, von seinen Begleitern auf einem Kamel festgebunden, bis nach Timbuktu geschafft, wo er langsam genesen sei.

Unverschleiert **bewegen sich die Frauen durch Timbuktu. Caillié ist überrascht, dass sie über mehr Freiheiten verfügen als Frauen andernorts in Afrika**

In europäischer Kleidung soll der Brite anschließend die Stadt erkundet, vor aller Augen Stadtpläne gezeichnet und verkündet haben, der König von England habe ihn geschickt, „um Timbuktu und seine wunderbaren Schätze kennenzulernen".

Auf dem Rückweg durch die Sahara, so erfährt Caillié weiter, sei Laing dann auf Nomaden gestoßen, die ihn zwingen wollten, sich zum Propheten Mohammed zu bekennen. Als der Major sich weigerte, wurde er mit den Enden seines Turbans erdrosselt, sein Leichnam in der Wüste gelassen. Sämtliche Aufzeichnungen Laings seien verloren gegangen.

Als Caillié das hört, ist er ehrlich bestürzt. Und er weiß jetzt, dass seine Tarnung um keinen Preis auffliegen darf.

Nach zwei Wochen Aufenthalt beschließt er, Timbuktu zu verlassen. Er will die noch gefährlichere Reise durch die Wüste zur Küste Nordafrikas wagen. Diesen schwierigeren Weg wählt er, um künftige Zweifler zu überzeugen: Die Sahara-Route wird sie eher glauben lassen, dass er tatsächlich in Timbuktu war. Der Franzose versetzt den Rest seiner Waren, um ein Kamel zu kaufen und einen Führer zu mieten, der ihn in der Wüste mit Wasser und Proviant versorgen soll.

25 Jahre nach Caillié **erreicht der deutsche Wüstenforscher Heinrich Barth Timbuktu. Er bestätigt die Angaben des Franzosen – und rettet so dessen vielfach verleumdeten Ruf**

Am 4. Mai 1828, um acht Uhr morgens, bricht Caillié gen Norden auf – vor ihm liegt ein monatelanger Treck durch die qualvolle Einöde. Er schließt sich wieder einer Handelskarawane an, in drückender Hitze setzt sich ein Riesentross in Marsch: 600 Kamele, Dutzende Händler und Sklaven. Jedes Tier ist mit 250 Kilogramm bepackt, gut drei Kilometer schleppt sich die Karawane pro Stunde nach Norden voran.

Nur: Ein Weg ist in der monotonen Landschaft nicht auszumachen. Die Karawanenführer deuten einzelne Felsen, Grasbüschel oder die Farbe des Sandes als Markierungen. Auf diese Weise finden sie zum nächsten Brunnen, der oft mehrere Tagesreisen entfernt liegt, als kleiner Punkt im Nirgendwo.

Immer karger wird die Gegend, bis auch die letzten Grasbüschel, die letzten Disteln verschwinden, nur hier und da wachsen kümmerliche Akazien. In den Boden hat der Wind Wellen gezeichnet, gleich einer Brise, die eine Wasseroberfläche kräuselt. Der Wind wirbelt auch Sand auf, steigert noch den Durst,

Auf Sand gebaut: **Timbuktu, die legendäre »Königin der Wüste«, besteht größtenteils aus flachen Ziegelhäusern. Die Stadt – hier in einer Zeichnung von Caillié aus dem Jahr 1830 – liegt wenige Kilometer nördlich des Niger im heutigen Mali**

der alle quält. Tagsüber flimmert die Luft vor Hitze, schon ab elf Uhr muss die Karawane kampieren. Nur unter den Zelten aus aufgespannten Schafshäuten ist dann noch Schatten zu finden.

Selbst in der Nacht, wenn die Karawane durch den Sandozean stampft, ist die Hitze groß. Besonders unerträglich bei Windstille. Linderung schafft allein der kurze Moment vor Sonnenaufgang, wenn ein leichter Wind weht und die wenigen Pflanzen ihren Duft entfalten.

Am Morgen des 10. Mai weisen einige Mauren Caillié auf eine unscheinbare Stelle im Wüstensand hin: Genau hier sei der britische Major ermordet worden, mehrere Reisende wollen Zeuge der Szene gewesen sein.

Caillié erkennt die Spuren eines früheren Lagers: „Ich entfernte mich eilig von diesem Ort des Schreckens, um ungestört zu weinen."

Am Abend erreicht der Tross die Stadt Araouane, eine Station der Salzhändler. Es ist eine letzte Atempause vor der schwersten Etappe der Wüstendurchquerung: acht Tagesmärsche ohne Brunnen.

Noch einmal trinken sich alle aus den salzigen Brunnen einer Siedlung satt. Einige Reisende erflehen den Schutz des Propheten, auch Caillié sinkt betend auf die Knie – keinem Forschungsreisenden ist es bislang gelungen, die Sahara aus südlicher Richtung zu durchqueren: „Schon breitete sich vor unseren Augen eine grenzenlose Weite aus, in der sich unseren Blicken nur noch eine ungeheure Fläche blendend weißen Sandes bot, die von einem glühend heißen Himmel eingerahmt war. Bei diesem Anblick stießen die Kamele lang gezogene brüllende Laute aus. Die Sklaven wurden trübselig."

Die Karawane ist weiter angewachsen, auf jetzt 400 Menschen und 1400 Kamele, beladen mit Goldwaren, Elfenbein, Gummi, Straußenfedern, Stoffen, Kleidern – und Sklaven, die auf den Märkten Marokkos verkauft werden sollen.

Schon um zehn Uhr ist es jetzt zu heiß zum Marschieren. „All meine Gedanken drehten sich nur noch um Wasser, Bäche,

Um 1870, **als diese Zeichnung entsteht, sind Europäer in Timbuktu noch exotische Besucher. 1894 aber wird die Stadt dem französischen Kolonialreich einverleibt**

Flüsse, Ströme. An nichts anderes konnte ich während der Fieberschübe, unter denen ich litt, denken. Ich verfluchte meine Gefährten, die Kamele, das ganze Land", wird Caillié später schreiben.

Sandhosen fegen über das Lager, verschleiern die Sonnenscheibe, verwischen die Konturen von Himmel und Erde, bis fast nichts mehr zu sehen ist. Tagelang gibt es in der Ödnis für die Kamele weder Grasbüschel noch Disteln zu fressen. Und der Wind trocknet die Lederschläuche aus, immer kleiner sind die Wasserrationen.

Kundschafter werden zu einem Brunnen ausgesandt. Alle in der Karawane hoffen, dass sie mit prallen Lederschläuchen zurückkehren. „Aber vergebliches Warten. Niemand kam zurück", schreibt Caillié. „Allgemeine Verzweiflung machte sich breit. Um uns etwas aufzumuntern, gab man uns eine winzige Ration Wasser und sagte, die verspätete Rückkehr unserer Leute sei nicht auf versiegte Quellen zurückzuführen, sondern darauf, dass diese nur wenig Wasser hervorbrächten und so das Füllen der Schläuche mehr Zeit in Anspruch nehme."

Eine weitere Nacht schleppt sich der Zug mit trockenen Kehlen durch die Wüste, bis zum nächsten Morgen. „Nachdem wir ein paar Tropfen Wasser zu uns genommen hatten, legten wir uns hin in Erwartung derer, die sich auf die Suche nach Wasser gemacht hatten." Endlich gegen zehn Uhr schließen die ausgesandten Männer zum Lager auf, halb verdurstet. Sie hätten den Brunnen in der Wüste kaum ausmachen können, erzählen sie. Als sie dessen Schacht ausgetrocknet vorfanden, hätten sie ein Kamel töten müssen, um das Wasser aus seinem Magen zu trinken.

Um vier Uhr nachmittags sind die Wasserreserven der Karawane erschöpft. Erst am Tag darauf erreicht sie die nächsten Brunnen. Sand hat sie bedeckt, hastig werden sie freigeschaufelt. Schon sind die Kamele, die die Nähe des Wassers wittern, nicht mehr zu halten, lassen sich um die Brunnen auf die Knie herab. „Den Kopf legten sie dabei auf den frischen Sand, den man aus den Brunnen holte", schreibt Caillié. „Das erste Wasser, das zum Vorschein kam, war schwarz und schlammig. Doch trotz des Sandes, den es noch enthielt, stritten sich die Kamele gierig darum." Kaum ist das Wasser genießbar, drängt er sich selbst zwischen die Köpfe der Kamele. Einen ganzen Tag lang werden die Tiere getränkt.

Drei Monate und acht Tage dauert die fürchterliche Passage durch die Sahara. Am 12. August 1828 kommt René Caillié im marokkanischen Fes an, erreicht am Abend des 7. September endlich die Hafenstadt Tanger, noch immer als Muslim verkleidet, krank, zerlumpt und das Gesicht vom Skorbut entstellt. Heimlich schlüpft er in die Tür der französischen Vertretung und offenbart sich dem Vize-Konsul Delaporte – als Landsmann, der in Timbuktu gewesen sei: „In seiner Begeisterung ging er so weit, mich zu umarmen und an sich zu drücken, ohne dass er sich vor meiner Person oder den schmutzigen Lumpen, die ich trug, geekelt hätte."

Der Diplomat versteckt seinen Gast im Konsulat, verschafft ihm europäische Kleidung und ein komfortables Bett. Kurz darauf geht Caillié an Bord eines Schoners, betritt am 8. Oktober 1828 in Toulon wieder französischen Boden.

Insgesamt hat seine Reise 508 Tage gedauert.

In der Heimat wird René Caillié als Held gefeiert. Die Pariser Société de Géographie erkennt ihm das Preisgeld von 10 000 Franc zu. Doch vor allem in Großbritannien verstummen die Zweifler nicht. Caillié sei niemals in Timbuktu gewesen, behaupten manche. Er sei ein Betrüger und habe sich für seine Reiseschilderung der Aufzeichnungen des ermordeten Schotten Laing bedient.

Erst 25 Jahre später wird René Caillié endgültig rehabilitiert, durch einen Deutschen: 1853 gelangt der Hamburger Heinrich Barth als dritter europäischer Forscher nach Timbuktu – und findet die Stadt fast genauso vor, wie der Franzose sie beschrieben hat. Zurück in Europa, bestätigt Barth: René Caillié war in Timbuktu. Und er war der erste Europäer, der lebend von dort zurückgekehrt ist.

Für den durch die Anfeindungen tief gekränkten Abenteurer aus der Provinz kommt die Ehrenrettung zu spät. René Caillié ist bereits am 17. Mai 1838 im Alter von 38 Jahren gestorben. An den Folgen einer unbekannten Krankheit, mit der er sich auf seiner Reise nach Timbuktu angesteckt hat. □

Dr. Ralf Berhorst, 40, ist Journalist in Berlin.

MEMO | TIMBUKTU

››› **TUAREG-NOMADEN** gründen um das Jahr 1100 die Stadt als Knotenpunkt des Handels in der Südsahara.

››› **TIMBUKTU WIRD 1375** erstmals auf einer europäischen Karte verzeichnet.

››› **IM 16. JAHRHUNDERT** ist Timbuktu eine reiche Handelsmetropole mit 50 000 Einwohnern.

››› **DER ABSTIEG** als Handelsplatz beginnt im 18. Jahrhundert.

››› **ALS RENÉ CAILLIÉ** 1828 Timbuktu erreicht, hat die Stadt bereits viel von ihrer Bedeutung verloren.

Pracht aus Sa

Rot schimmernde Salzseen, Ebenen in grenzenlosem Weiß, hell gepu
Anden haben mineralische Ablagerungen geradezu surreale Wüstenla

Fotos: Georg Fischer

Nur einen halben Meter tief ist die Laguna Colorada*, und in dem flachen Wasser finden Flamingos eine Nische: Sie ernähren sich von*

lz und Sonne

te dunkle Felsen: Zu Füßen und inmitten der südamerikanischen schaften hervorgebracht

leinen Krebsen – die wiederum von Mikroorganismen leben. Diese sind es auch, die den Salzsee im kargen bolivianischen Hochland rötlich färben

Hoch ragen die Kakteen auf der **Isla del Pescado**, der »Fisch-Insel«, über den bolivianischen Salar de Uyuni. Diese Salzebene ist Überre

Auf einer steinernen Insel mitten in der weißen Einöde einer Salzpfanne unterhält das Leben einen grünen Vorposten

nes großen Sees, der mehrfach ausgetrocknet ist – zuletzt vor 12 000 Jahren – und Minerale in mächtigen Schichten zurückgelassen hat

In der kühlen, aber sehr trockenen Höhenluft verdunstet Wasser der **Laguna Tuyajto.** Aus dem Seegrund wird stetig Salz ausgeschwemmt,

Wie Eisschollen sammeln sich Salzplatten am Ufer der Laguna Tuyajto, einem See, der 4000 Meter hoch in den chilenischen Anden liegt

d ein Zufluss befördert noch mehr hinein. Inzwischen ist der Salzgehalt der Lagune fast viermal so hoch wie der des Meeres

Der Fotograf **Georg Fischer**, 60, ist um den gesamten Globus gereist – doch kaum eine andere Gegend hat ihn so sehr beeindruckt wie die Salzlandschaften der Anden.

Heller Mineralstaub überzieht diesen Ausläufer der Cordillera de la Sal im Norden der Atacama-Wüste. Er ist ein Relikt des Ozeans,

Vielgezackt und einem gigantischen dunklen Rücken gleich, überragt die »Kette des Salzes« das schroffe »Tal des Mondes«

vor Jahrmillionen im Valle de la Luna wogte. Hier leben Eidechsen und zeugen von der Kraft, mit der das Leben dieser Kargheit trotzt □

Pretiosen aus Australiens Outback

Im Jahr 1836 schifft sich der hessische Mineraloge Johannes Menge in London nach Südaustralien ein, um dort für eine britische Firma nach Bodenschätzen zu suchen. In der noch unerforschten Wildnis findet er erstmals einen Opal. Heute kommen die meisten dieser Edelsteine aus dem Fünften Kontinent

Text: Till Hein

Eine kauzige Gestalt kämpft sich eines Tages im Jahr 1839 durch die Gluthitze der südaustralischen Wildnis – ohne Begleitung und zu Fuß: ein kleiner hellhäutiger Mann mit langen Armen, auf dem Kopf ein Filzhut, über den Schultern ein alter preußischer Armeemantel, im Mundwinkel eine Tabakpfeife.

Der einsame Wanderer, ein Mineraloge namens Johannes Menge, stammt aus Steinau in Hessen. Als Ausrüstung hat er nur mitgenommen, was er selbst zu tragen vermag: einen Hammer, eine Lupe, Tabak, etwas Mehl, Zucker, Salz, Trinkwasser, eine Zunderbüchse und eine große Segeltuchtasche für seine Fundstücke. Denn Menge sammelt Mineralien, weit mehr als 100 verschiedene Steine hat er in der Ödnis Südaustraliens schon gefunden und beschrieben.

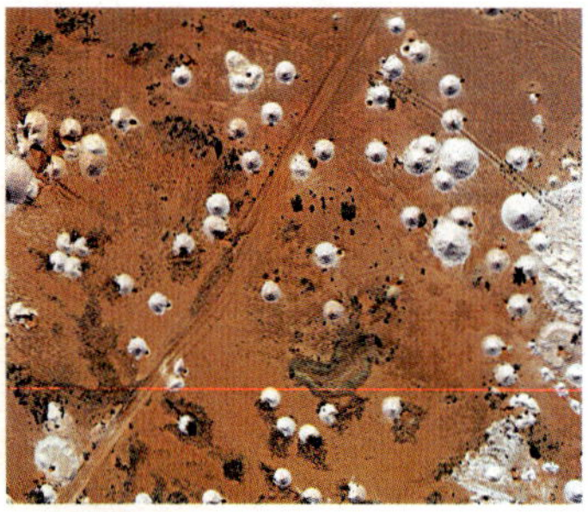

Wie Seepocken wirken auf dieser Luftaufnahme die Abraumhalden der Opal-Minen von Coober Pedy am Ostrand der australischen Great Victoria Desert. Hier arbeiten die Digger unter Tage, und manche wohnen dort sogar. Denn im Dezember steigt die Außentemperatur auf bis zu 47 Grad Celsius

Bei dieser Erkundungstour im Barossa-Tal, nordöstlich der kleinen Siedlung Adelaide, fällt sein Blick auf einen Stein am Boden, der die Farbe von Bienenwachs hat. Johannes Menge kennt dieses Mineral aus seiner Heimat: Es ist ein Opal. Er bückt sich, verstaut den Edelstein in der Segeltuchtasche. Sobald er die Zeit dazu findet, will er über seinen Fund in der einzigen Zeitung der noch jungen Kolonie berichten.

Fünf Jahre zuvor ist die britische Kolonie South Australia gegründet worden. Und der Deutsche ist der erste Europäer, der auf dem fünften Kontinent einen Opal findet. Ende des 19. Jahrhunderts werden die Schmucksteine aus der australischen Wüste zu den begehrtesten der Welt gehören.

Mineralogen unterscheiden zwei Arten von Opalen – „gemeine", nicht sehr farbenreiche wie jenen Stein, den Menge nordöstlich von Adelaide findet, und Edelopale, die wie Regenbogen schillern und ihre Farbe mit dem Blickwinkel des Betrachters verändern.

Eine alte Legende der Aborigines erklärt das Farbenspiel mit den magischen Kräften eines bunten Eisvogels: Der flog einst weit ins Land hinein, und bei jeder Rast berührte sein prachtvolles Gefieder Steine auf dem Wüstensand, die daraufhin zu schillern begannen. Seither heißen die Edelopale bei den Ureinwohnern „Steine der 1000 Lichter".

Bewirkt wird dieser Effekt von der Opalstruktur – höchst gleichmäßig angeordneten Kügelchen aus **Kieselsäure***, die nur wenige Zehntausendstelmillimeter groß und von Wasser umgeben sind: Sie brechen das Licht und zerlegen es in dessen Spektralfarben.

Die Geschichte dieser Steine beginnt in der Kreidezeit, vor etwa 100 Millionen Jahren. Damals schwappte über einem großen Teil der australischen Landmasse ein flaches Binnenmeer. Im Laufe von Jahrmillionen hob sich der Meeresboden, und das Große Artesische Becken entstand, zu dem die heutigen Wüstengebiete Australiens gehören. Das Meer trocknete aus und hinterließ Sedimente aus Kalk, Sandstein und Ton, die langsam verwitterten.

Unterirdische Rinnsale laugten aus dem Gestein Kieselsäure heraus, die sich dann am Boden von Spalten oder Senken sammelte. Die Säure wurde im Laufe von Millionen Jahren durch Anreicherung und Verdunstung zu einer zähflüssigen Masse und erstarrte schließlich zum Opal.

So bildeten sich unter dem Wüstenboden mächtige Edelsteinvorkommen – weshalb Johannes Menge bei seinen Exkursionen im Süden Australiens immer wieder auf die changierenden Mineralien trifft.

Mit Gesteinen beschäftigt sich der Hesse schon seit 1806, seinem 18. Lebensjahr. Zu jener Zeit wird er Gehilfe in einem Hanauer Handelskontor für Mineralien. Er lernt, aus Strukturen, Farben und Einschlüssen auf die Zusammensetzung der Steine und deren Herkunft zu schließen. Bald schon steigt er im Kontor zum Geschäftsführer auf, zu seinen Kunden zählt der Mineralienliebhaber Johann Wolfgang von Goethe.

* Blau hervorgehobene Begriffe werden im Glossar ab Seite 150 näher erklärt.

Zwei Digger in einer Opal-Mine in Lightning Ridge. Hier, im Outback von New South Wales, lagern besonders wertvolle Schwarzopale. Unter Tage lockern die Arbeiter mit Hacke und Presslufthammer das Gestein. Durch ein Förderrohr wird es nach außen abgesogen und dort gespült, bis die Edelsteine übrig bleiben

Menge beschäftigt sich nun eingehend mit Mineralogie und erkundet Europas Gebirge. Als erster deutscher Forscher bereist er 1819 Island und untersucht später geologische Strukturen im Ural. Zudem lernt er an der Pariser Universität Chinesisch und andere asiatische Sprachen, beginnt mit einer Bibelübersetzung ins Persische. In London arbeitet er vier Jahre lang als Sprachlehrer. Und er begeistert sich für die christliche Mission.

Da kommt ihm 1836 das Angebot der Londoner South Australian Company gerade recht, als Experte für Geologie und Bergbau auf den Fünften Kontinent zu reisen. Die Firma soll die neue Kolonie Südaustralien für Siedler aus Europa erschließen. Menge will dort Steine suchen – und Menschen fürs Christentum gewinnen.

Australiens trockener Süden wird zu Menges Dorado. Er findet immer neue Mineralien – und entwirft nebenbei Pläne für Trinkwasserversorgung, Landwirtschaft und Weinbau. Darüber wird er jedoch zusehends zum Sonderling. „Ich fühle mich sehr glücklich, ertrage bereitwillig Hitze, Insekten, Wildnis, solange ich nicht von den Menschen belästigt werde", notiert er.

Bald tuscheln die Siedler über den schrulligen Forscher: Kaltes Wasser, Seife, Zahnbürsten und saubere Wäsche, erzählt eine Frau, würden „von ihm offenbar als unnötiger Luxus betrachtet". Dem lokalen Vertreter der South Australian Company geht Menge bald auf die Nerven. „Einen größeren Fantasten habe ich nie getroffen", ärgert sich der Manager – und wirft den rastlosen Exzentriker im Juni 1838 hinaus.

Menge nimmt 1839 die britische Staatsbürgerschaft an, baut sich im Barossa-Tal eine Hütte und arbeitet allein für sich weiter. Er durchstreift die Wildnis, sucht für wechselnde Auftraggeber nach Bodenschätzen oder erkundet mögliche Siedlungsplätze. Oft kehrt er erst nach Wochen zurück, auf dem Rücken die Segeltuchtasche voller Steine, und veröffentlicht Artikel über seine Funde.

Als er 160 Kilometer nördlich von Adelaide Kupfervorkommen vermutet, entsteht nach der sich anschließenden fieberhaften Suche 1842 bei Burra die ergiebigste Kupfermine der Welt – für die Kolonie die Rettung vor dem wirtschaftlichen Kollaps. Menge kommt zur Eröffnung, mag aber selbst nicht ins Geschäft einsteigen. Lieber bekehrt er die chinesischen Minenarbeiter.

1849 schickt der inzwischen 61-Jährige einige seiner Opale nach Europa, sie sind zwei Jahre später auf der Weltausstellung in London zu sehen. Doch noch ist es keine gute Zeit für den Edelstein: In Victoria, im Südosten Australiens, wird Gold entdeckt. Die Siedler sind wie berauscht. Sogar aus England und Irland strömen Goldsucher herbei. Mitte 1852 fördern in Victoria rund 50 000 Menschen Woche für Woche mehr als 500 Kilo Gold.

Edelopale schillern in allen Farben des Regenbogens: Die winzigen Kieselsäure-Kügelchen, aus denen sie sich zusammensetzen, brechen auftreffendes Licht und zerlegen es in sein Spektrum. Die Kieselsäure verfestigte sich aus den Relikten eines Meeres, das vor Jahrmillionen dort wogte, wo sich heute Australiens Wüsten erstrecken

Auch Menge packt schließlich das Goldfieber, er mischt sich unter die Glückssucher am Forest Creek. Eigenhändig gräbt er einen Tunnel. Mit den Funderlösen will er Missionsstationen in aller Welt finanzieren. Doch er überschätzt seine Kräfte. Im Oktober 1852 bricht er während der Arbeit zusammen. Am nächsten Morgen ist Johannes Menge tot. Andere Goldsucher begraben ihn neben seinem Tunnel.

Erst Jahrzehnte nach Menges Tod werden die gewaltigen Opalfelder in Australiens Wüsten erschlossen. Die schillernden Steine werden in Europa und den USA besonders während der Jugendstil-Zeit hoch geschätzt, manche Opale sind nun teurer als Diamanten. Heute stammen rund 95 Prozent der weltweiten Förderung aus den Wüsten und Steppen des Fünften Kontinents.

Von dem Mann, der am Anfang dieses Booms stand, ist hingegen kaum etwas überliefert. Es ist nicht einmal bekannt, wo genau Johannes Menge begraben liegt. □

Till Hein, 38, lebt als freier Autor in Berlin.

Unter den erbarmungslosen Bedingungen der Wüste wird das Dasein zur Gratwanderung zwischen Leben und Tod. Nur dank raffinierter Anpassungen können sich Tiere in dieser Umwelt behaupten. Sie halten Sparrekorde beim Wasserverbrauch, setzen »Hitzeschutz-Eiweiße« ein – oder verbergen sich einfach tagsüber im kühleren Boden

Virtuosen des

Selbst Fröschen und Kröten gelingt es, der Unwirtlichkeit zu trotzen. Exemplare der australischen Art *Notaden nichollsi* etwa verschanzen sich im Schlamm ausgetrockneter Gewässer. Sie fahren den Stoffwechsel herunter und brauchen ihre Fettreserven auf – so überstehen sie monatelange Dürren. Eine in der amerikanischen Sonora-Wüste heimische Krötenart gräbt sich mehr als 90 Zentimeter tief in den Boden ein und verharrt dort bis zu neun Monate

Text: Henning Engeln

Widerstands

Elastische Sehnen in den Beinen eines Roten Riesenkängurus in der australischen Ödnis speichern bei jeder Landung Bewegungsenergie, die beim nächsten Sprung genutzt wird. Die hüpfende Fortbewegungsweise ist daher sehr energiesparend

Die Dornteufel in Australiens Wüsten nehmen Wasser über die Haut auf, indem sie nach Regen ihren Bauch im nassen Sand reiben oder Nebel auf den Schuppen kondensieren lassen. Durch haarfeine Röhren gelangt das Nass dann direkt ins Maul der Echsen

Selbst unter günstigen Umständen verliert ein Mensch etwa ein bis zwei Liter Wasser am Tag – vor allem mit dem Urin, durch Schwitzen und beim Ausatmen. Bei starker körperlicher Aktivität in großer Hitze schwitzt er bis zu 2,5 Liter pro Stunde aus. Schon bei einem Flüssigkeitsverlust von rund fünf Litern drohen einem 75 Kilogramm schweren Mann Verwirrungszustände, schwerste Kopfschmerzen, Schluckstörungen. Rund zehn Liter Verlust sind tödl ich.

Diese Zahlen deuten die Probleme an, mit denen es ein Organismus in der Wüste zu tun hat. Denn dort kann es am Boden mehr als 80 Grad Celsius heiß werden. Nachts hingegen sinkt die Temperatur mancherorts unter den Gefrierpunkt. So kommt es im Extremfall zu Temperaturschwankungen von bis zu 56 Grad innerhalb nur weniger Stunden.

Auch die Sonne brennt dort ungebremst. In feuchten Regionen erreicht ihre Strahlung durchschnittlich zu etwa 40 Prozent die unteren Luftschichten, in den Wüsten hingegen zu rund 90 Prozent. Lebewesen droht sie ebenso aufzuheizen wie den Boden und bombardiert sie zudem Tag für Tag mit schädlicher Ultraviolett-Strahlung.

Wasser ist dagegen Mangelware. Pro Jahr fallen in allen Wüsten durchschnittlich weniger als 200 Millimeter Niederschlag, während die potenzielle Verdunstungsrate mehr als 2000 Millimeter beträgt (also zehnmal mehr Wasser verdunsten könnte, als Regen fällt). In etlichen Trockengebieten bleiben die Niederschläge jahrelang aus, und in Teilen der

Kamelen schadet ein Verlust von 25 Prozent Körperflüssigkeit nicht, für Menschen sind schon 12 Prozent fatal

Atacama in Chile und Peru wurde seit Menschengedenken kein Regentropfen registriert.

Man sollte erwarten, dass unter diesen Bedingungen weder Mensch noch Tier existieren könnten. Und doch sind die Wüsten belebt: In der Sahara samt ihren Randbereichen etwa sind schätzungsweise 40 Nagetierspezies, mehr als 60 Echsen-, 30 Schlangen- und 90 Vogelarten sowie unter anderem zahlreiche Spezies von Skorpionen, Spinnen und Ameisen heimisch.

In der Wüste zu überleben gelingt deren Bewohnern allerdings nur dank der vielfältigen Strategien, mit denen sie ihren Flüssigkeitsbedarf decken und sich vor der Sonnenglut schützen.

Die entscheidenden Anpassungen werden im Folgenden vorgestellt:

Wasserbeschaffung

In den küstennahen Bereichen der Namib-Wüste ist an Nebeltagen nachts und frühmorgens ein seltsames Schauspiel zu beobachten: Schwarzkäfer der Art *Onymacris unguicularis* sitzen auf den Dünenkämmen, senken den Kopf auf den Sand und strecken das Hinterteil hoch in die neblige Luft. Dabei schlägt sich die Feuchtigkeit auf ihrem Körper nieder, und das kondensierte Wasser fließt über spezielle Rillen ihres Chitinpanzers hinunter – direkt zur Mundöffnung. Durch diese raffinierte Art der Wasseraufnahme kann sich das Körpergewicht

der Nebeltrinker, wie diese Tiere genannt werden, um bis zu 40 Prozent erhöhen. Aber auch andere Tiere der Namib „trinken" Nebel, so Geckos, Sandvipern, Termiten und Spinnen.

Viele Wüstentiere kommen im Notfall sogar ohne einen einzigen Tropfen Frischwasser aus. Relativ einfach schaffen das etwa Schakal, Wüstenfuchs, Schlangen oder Eidechsen: Das Fleisch ihrer Beute besteht zu etwa zwei Dritteln aus Flüssigkeit, und das reicht den genügsamen Räubern, um nichts trinken zu müssen.

Bei Pflanzenfressern hängt dies von der Art der Nahrung ab. Während frische, saftig-grüne Kost mehr als 90 Prozent Wasser enthält, liefert trockene Vegetation weniger als 60 Prozent. Manche Tierarten, vor allem Nager, aber auch Antilopen, Kamele und einige Echsen gehen so sparsam mit Wasser um, dass sie einen Großteil ihres Bedarfs auf chemische Weise decken: Sie „verbrennen" mit dem eingeatmeten Sauerstoff das Fett, das sie etwa mit Samen verzehrt und gespeichert haben. Dabei werden Energie und Wasser frei. Als Faustregel gilt: Ein Kilogramm Fett ergibt einen Liter Wasser.

Manche Mäuse gewinnen Flüssigkeit nicht nur durch chemische Zerlegung ihrer Nahrung, sondern auch durch einen eigentlich simplen Trick: Sie lagern Körner eine Zeit lang in ihrem Bau, bevor sie sie verzehren. Die Samen absorbieren dann die vielfach vorhandene Bodenfeuchtigkeit und quellen auf, sodass diese Nager gar kein Trinkwasser mehr benötigen.

Darauf sind jedoch vor allem größere Tiere angewiesen. Immerhin können sie weite Strecken zurücklegen und aktiv nach Wasserstellen suchen. Besonders Vögel überbrücken enorme Entfernungen bis zur Tränke, Flughühner etwa unternehmen dabei bis zu 160 Kilometer weite Rundflüge.

Eine kaum minder erstaunliche Strategie der Wasserbeschaffung beschreibt der Wüstenexperte und GEO-Autor Uwe George: Die Männchen von Senegal-Flughühnern transportieren Wasser von einer Tränke zu ihren Küken, indem sie es tropfenweise in ihr Brust- und Bauchgefieder aufnehmen.

Elefanten in Namibia nutzen bei der Wassersuche sowohl ihr Gedächtnis als auch ihre Kraft. Sie leben längs des Flusses Hoanib, der den größten Teil des Jahres ausgetrocknet ist. Allerdings bleiben einige Stellen tief im Boden feucht. Eben diese merken sich die Dickhäuter, und sie graben die Wasserlöcher sogar frei – auch zum Vorteil von Pavianen, Schakalen, Springböcken oder anderen Antilopen.

Andere Tiere lösen ihr Flüssigkeitsproblem, indem sie salziges Wasser trinken; denn das ist in den Wüsten häufiger vorhanden als Süßwasser. Einige Nagetiere, Mähnenschafe, Kamele und Gazellen scheiden das Salz über besonders leistungsfähige Nieren wieder aus. Manche Vögel und Reptilien, zum Beispiel Dornschwanzagamen, sondern es über spezielle Drüsen ab.

Strategien des Wassersparens

Gliederfüßer – Insekten und Spinnen etwa – sind ohnehin mit ihrem Chitin-Eiweiß-Panzer für das Überleben in einer trockenen Umgebung prädestiniert. Bei vielen Wüstenspe-

Die Gopherschildkröte ist in der kalifornischen Mojave-Wüste heimisch, verbringt 95 Prozent ihres Lebens in unterirdischen, also relativ kühlen Gängen und kann Wasser aus ihrem Urin resorbieren

Die Eidechse *Aporosaura anchietae* legt sich in der Namib morgens mit dem Bauch auf den Sand, um sich aufzuwärmen. Je heißer es wird, desto mehr Abstand hält sie zum Boden und »tanzt« schließlich nur auf je zwei Beinen

Skorpione gehören zu den Spinnentieren, die – wie Insekten – über einen Panzer aus einem Chitin-Eiweiß-Verbundstoff verfügen. Bei Wüstenbewohnern ist dieser mit einer besonders gut ausgeprägten Wachsschicht überzogen und lässt so kaum Wasser nach außen dringen. Dennoch gehen die Tiere meist bei Nacht auf Jagd. Sie können sogar Mäuse erbeuten

Namibische Räderspinnen bewohnen Dünen und stabilisieren den Sand mit ihrer Spinnseide, da sie die Gänge ihres Baus mit dem Gespinst festigen. Vor Feinden flüchten die Achtbeiner, indem sie ihre Beine anwinkeln und den steilen Hang hinunterrollen

Sandfische werden manche Echsenarten genannt, weil sie sich dank einer speziellen Haut wie Fische im Sandboden bewegen. Schon in 25 Zentimeter Tiefe sind die Temperaturen meist erträglich

zies ist der Panzer dank einer besonders gut ausgeprägten Wachsschicht sogar fast völlig dicht. Zudem sind Gliederfüßer wechselwarm und kühlen ihren Körper daher nicht wie die Säugetiere durch Schwitzen. Und sie nehmen den für den Stoffwechsel nötigen Sauerstoff über winzige Röhren (**Tracheen***) auf, deren Porenöffnungen sie zumeist regulieren können. In Verbindung mit weiteren Anpassungen geben sie somit weniger Feuchtigkeit mit der verbrauchten Luft ab als Wirbeltiere über ihre Lungen.

Für große Warmblüter ist der Wasserverlust durch die Atmung jedoch ein beträchtliches Problem. Eine höchst komplexe Strategie, um dies zu vermeiden, haben Mitarbeiter der Ohio State University und des National Wildlife Research Center im saudi-arabischen Taif bei Kropfgazellen nachgewiesen: Eine Gruppe dieser Tiere blieb den Mangelbedingungen ausgesetzt, wie sie in der arabischen Wüste häufig sind, während eine andere ausreichend Futter und Wasser erhielt. Nach vier Monaten hatte sich das Gewicht der unter Wasser- und Futtermangel leidenden Tiere gegenüber der Kontrollgruppe um durchschnittlich 13 Prozent vermindert und der tägliche Kalorienverbrauch fast halbiert. Die Wasserverdunstungsrate hatte sich bei ihnen auf weniger als 100 gegenüber rund 150 Gramm pro Tag bei der Vergleichsgruppe reduziert.

Vögel legen in Rundflügen bis zu 160 Kilometer zurück, um Wasserstellen in der Wüste aufzusuchen

Ein Lappenchamäleon begibt sich auf die Suche nach einem Standort unter Büschen und Bäumen oder einem Eiablageplatz. Bei großer Hitze strecken Chamäleons in der Wüste die Beine weit aus, um ihren Körper vom heißen Boden fernzuhalten

Eine Erklärung dafür fanden die Forscher, nachdem sie das Gewicht einzelner Organe der unter Wassermangel leidenden Tiere bestimmt hatten: Leber, Herz und Muskeln hatten im Verhältnis deutlich mehr an Gewicht verloren als die Tiere insgesamt. Dank dieses Schrumpfprozesses, so schlossen die Wissenschaftler, sank der Sauerstoffbedarf der Tiere, sie mussten weniger atmen und gaben entsprechend geringere Wassermengen über die Atemluft ab. Die Kropfgazellen reduzierten in Notzeiten also die Masse ihrer Organe – vor allem die der Leber, die fast um die Hälfte des Gewichts geschrumpft war.

Natürlich scheiden Säugetiere Flüssigkeit auch über Urin und Kot aus. „Für sie bedeuten physiologische Anpassungen

* Blau hervorgehobene Begriffe werden im Glossar ab Seite 150 näher erklärt.

Der Schabrackenschakal, hier mit dem Kadaver einer jungen Robbe an der Altlantikküste der Namib, verzehrt sowohl Früchte als auch Aas. Er jagt alles, was er überwältigen kann. Lange Zeit kommt er allein mit dem Wasser aus dem Fleisch seiner Beute zurecht

Die Hornviper bewegt sich durch »Seitenwinden« voran: Sie hebt den Vorderrumpf, setzt ihn einige Zentimeter seitlich wieder auf und zieht den Hinterkörper nach

Der Namib-Gecko wird nur nachts aktiv. Häute zwischen den Zehen verhindern, dass er im Sand einsinkt, die Zunge hält das Auge sauber

an die Trockenheit deshalb, so wenig wie möglich zu urinieren und tolerant gegen den dadurch im Blut konzentrierten Harnstoff zu werden", sagt Ulrich Joger, Wüstenexperte und Leiter des Naturhistorischen Museums Braunschweig.

So ist im Urin vieler Wüstentiere der Harnstoff – ein Endprodukt des Eiweißabbaus, bei dem das zunächst entstehende Ammoniak in den weniger giftigen und besser auszuscheidenden Harnstoff umgewandelt wird – hoch konzentriert. Bei Reptilien, Vögeln und Insekten dagegen fällt als Eiweiß-Abbauprodukt hauptsächlich Harnsäure an, die praktisch ohne Wasser abgegeben werden kann. Beträgt der Harnstoffanteil im Urin des Menschen sechs Prozent, reichert er sich im Urin der Wüstenspringmaus auf 25 Prozent an. Extrem leistungsfähige Nieren, die Salze und Harnstoff abscheiden, das Wasser jedoch in den Körper zurückführen, sind die Voraussetzung dafür, dass dieser physiologische Extremismus funktioniert.

Auch ihre Warmblütigkeit macht den Säugetieren bei großer Hitze zu schaffen, denn dann müssen sie sich durch Schwitzen abkühlen – verdunsten also Wasser. Viele Säuger in der Wüste sind daher nachtaktiv und verbringen den Tag, vor der Sonne geschützt, in unterirdischen Bauten, Felsspalten oder, sofern vorhanden, im Schatten von Pflanzen.

Antilopen oder Kamele aber sind zu groß, um sich tagsüber zu verstecken. Bei ihnen mussten sich daher andere Anpassungen entwickeln. So weisen die Nasenhöhlen von Antilopen eine besonders große, mit Schleimhäuten bedeckte Oberfläche auf. Wird nun die trockene Wüstenluft eingeatmet, geben die Schleimhäute Feuchtigkeit an sie ab – und kühlen aufgrund dieses Energie verzehrenden Verdunstungsprozesses ab.

Dadurch sinkt auch die Temperatur des vorbeiströmenden Blutes. Bei seinem Weg durch ein Geflecht winziger Gefäße unterhalb des Hirns kühlt es jenes Blut, das über die Halsadern in das Gehirn fließt. So wird eine Überhitzung dieses temperaturempfindlichen Organs vermieden. Gleichzeitig sättigt sich die eingeatmete Luft auf ihrem Weg von der Nase in die Lunge mit Wasserdampf, der sich beim Ausatmen an den zuvor abgekühlten Nasenschleimhäuten wieder niederschlägt. Somit bleibt der Wasserverlust über die Atmung begrenzt.

Besonders raffinierte Strategien, in der Wüste zu überleben, haben die Kamele entwickelt. Sie vertragen salzhaltiges Wasser, können den Urin stark konzentrieren und sondern einen extrem trockenen Kot ab. Insbesondere darf sich ihre Körpertemperatur bis auf 42 Grad erhöhen, ohne Schaden anzurichten. Schwitzen, also Wasser verdunsten, müssen sie erst ab 40 Grad. Nachts hingegen kann die Körpertemperatur auf 34 Grad absinken, sodass Kamele nach Tagesanbruch erst einmal viel Wärme aufzunehmen vermögen.

Etwa acht Tage lang brauchen diese Überlebenskünstler überhaupt nichts zu trinken, auch wenn sie dabei etwa

Kropfgazellen lassen ihre Organe schrumpfen und reduzieren die Wasserverdunstung um ein Drittel

25 Prozent ihrer Körperflüssigkeit verlieren. Kommen sie aber an eine Tränke, pumpen sie sich innerhalb einer Viertelstunde 200 Liter in den Magen. Eine gespaltene, fleischige Oberlippe zum Abweiden dorniger Akazien, tellerförmige Füße mit Schwielen als Sohle, die ein Einsinken im Sand verhindern, vor spitzen Steinen und heißen Böden schützen, sowie schlitzförmige Nüstern, die bei einem Sandsturm fest verschlossen werden, sind weitere Anpassungen der Kamele an ihre Umwelt.

Wasserspeicher

Während Pflanzen Wasser in ihrem Gewebe einlagern, haben Tiere dafür keine speziellen Organe. Doch können einige australische Wüstenfrösche in ihrer Harnblase so viel Flüssigkeit aufnehmen, dass diese dann etwa 50 Prozent ihres Körpervolumens ausmacht. Auch kommen bestimmte Frösche, die sich eingraben und mit einem pergamentartigen Kokon aus

getrocknetem Schleim einkapseln, mit ihrem Wasservorrat anderthalb Jahre lang aus.

Ruhezeiten

Viele Tiere stellen bei extremer Hitze ihre normalen Aktivitäten ein und ruhen an geschützten Orten. Australische Wüstenfrösche sowie manche Fische und Krebse wühlen sich bei Dürren im Schlamm ein. Schnecken vergraben sich im Boden der Negev-Wüste und verschließen ihr Haus mit einem Kalkdeckel. Mitte des 19. Jahrhunderts waren zwei Gehäuse dieser Schneckenart im Britischen Naturkundemuseum in London vier Jahre lang in einer staubtrockenen Vitrine ausgestellt. Nachdem sie dann aber in eine feuchte Umgebung verlagert worden waren, kroch zu allseitigem Erstaunen aus dem einen Gehäuse ein quicklebendiges Weichtier heraus. Bestimmte Insekten, Fische oder Krebse wiederum legen besonders unempfindliche Eier, die Jahre bis zum nächsten Regen überdauern können.

Hitzeschutz

Spätestens bei Temperaturen von mehr als 60 Grad verändern Eiweißmoleküle (außer bei einigen Bakterien) ihre räumliche Struktur – und zwar unwiderruflich. Beim Braten eines Spiegeleis ist das der Moment, in dem das Eiklar trübe und schließlich weiß wird. Für den Organismus bedeutet eine solche **Denaturierung**, dass Enzyme ihre Funktionen nicht mehr erfüllen können und er stirbt.

Manche Tiere produzieren jedoch „Hitzeschock-Proteine" – molekulare Hilfstruppen, die dafür sorgen, dass hitzeempfindliche Eiweißmoleküle auch bei hohen Temperaturen ihre räumliche Struktur bewahren, was für ihre biologischen Funktionen von größter Wichtigkeit ist. Die in der Namib-

Oryx-Antilopen können ihre Körpertemperatur nachts auf unter 36 Grad Celsius absenken und am Tag auf 45 Grad steigen lassen, was für viele andere Tiere tödlich wäre. Ein besonderes Kühlsystem verhindert, dass das hitzeempfindliche Gehirn Schaden nimmt

Wüste heimische Ameise *Ocymyrmex barbiger* beispielsweise erträgt dank solcher Hitzeschock-Proteine Körpertemperaturen von bis zu 54 Grad.

Hitzefluchten

Während es an der Erdoberfläche zum Teil bis zu 80 Grad heiß ist, können bereits in 25 Zentimeter Tiefe je nach Bodenbeschaffenheit und -feuchte angenehme 25 Grad herrschen. Zudem ist im Boden die Luftfeuchtigkeit meist höher. Deshalb brauchen etwa Kängururatten, Springmäuse, Taschenmäuse, Präriehunde und Erdhörnchen, die sich alle während der Tageshitze in Erdhöhlen aufhalten, weniger Trinkwasser. Auch zahlreiche Reptilienarten verkriechen sich während der heißesten Stunden in Felsspalten oder Schlupflöchern. Den Rekord hält vermutlich die Gopherschildkröte in der kalifornischen Mojave-Wüste. Sie verbringt rund 95 Prozent ihres Lebens in mehr als zwei Meter tiefen, selbst gegrabenen Gängen.

Die lassen sich im lockeren Sand zwar kaum ausheben, doch schaffen es einige Tiere selbst dort, der Hitze auszuweichen. Der „Sandfisch" etwa gleitet ähnlich durch den Sand der Sahara wie ein Fisch im Wasser. Das Rätsel, wie diese Echse sich blitzschnell durch den Sand schlängelt, ohne dass ihre Haut von den Sandkörnern stumpf gescheuert wird, hat der Berliner Bionikprofessor Ingo Rechenberg gelöst. Mit einem selbst konstruierten „Gleitreibungsmesser" maß er bei einem Wüstenaufenthalt den Reibungswiderstand der Haut eines Sandfisches. Erstaunliches Ergebnis: Er ist geringer als der von Stahl, Glas oder Teflon. Auch die Verschleißfestigkeit der Haut prüfte Rechenberg durch eine zehn Stunden dauernde Sandberieselung. Es zeigten sich keinerlei Abnutzungsspuren.

In Berlin wurde dann das Geheimnis des Sandfisches mit dem Rasterelektronenmikroskop endgültig entschlüsselt: Eine 5000-fache Vergrößerung zeigte winzige, quer zur Gleitrichtung laufende Schwellen – ähnlich denen, die Wellen am Strand hinterlassen. Diese Mikroschwellen streifen jene unge-

> Nicht die Tiere sind in die Wüste gegangen, sondern die Wüste ist zu ihnen gekommen

mein feinen Tonpartikel ab, mit denen jedes Sandkorn dicht bepudert ist – und verhindern so, dass die Partikel zur Schmirgelschicht zwischen Sandkorn und Schuppenhaut werden.

Die Schwellen könnten, so nimmt Rechenberg an, durch Einlagerung winziger Kristalle, etwa aus Silizium oder Kalzium, gehärtet sein. Überdies scheinen „Blitzableiter" auf den Schwellen, so genannte **Nano-Spikes**, die Staubpartikel elektrisch zu entladen, sodass sie nicht durch elektrostatischen Effekt an der Schuppenoberfläche anhaften.

„Es gibt sehr viele Verhaltensanpassungen bei Wüstenorganismen, die auf diese Weise versuchen, sich den Extremen

Schwielen an den Fußsohlen schützen Dromedare vor dem Einsinken in den lockeren Untergrund, und die schlitzförmigen Nüstern können bei Sandstürmen fest verschlossen werden. Dromedare vertragen auch Salzwasser

Elefanten können in der Wüste überleben, indem sie sich die Lage von Wasserlöchern merken und diese notfalls mit ihrer Körperkraft freigraben. Davon profitieren auch andere Tiere

Überhitzung vermeiden Strauße, indem sie die Flügel abspreizen und den Rumpf beschatten. Zudem richten sie die Rückenfedern auf, damit ihr Körper belüftet wird. Erst bei einer Lufttemperatur von etwa 40 Grad Celsius kühlen sie sich zusätzlich durch Verdunstung – etwa über den geöffneten Schnabel

Der Sandfuchs bewohnt bevorzugt steinige Wüstengebiete. Nachts geht er auf die Suche nach Insekten, Kleinsäugern, Aas und Früchten. Die großen Ohren strahlen Wärme ab, das helle Fell reflektiert die Strahlung

Als Sonnenschirm benutzen die Kap-Borstenhörnchen ihren buschigen Schwanz. Sie richten ihren Körper bei großer Hitze so zur Sonne aus, dass die Haare des Schwanzes ihn beschatten

Namib-Rennmäuse sinken dank ihrer borstengesäumten Zehen nicht im Sand ein, futtern gern Grassamen und benötigen kein Trinkwasser

nicht auszusetzen“, erklärt der Tropenbiologe Karl Eduard Linsenmair von der Universität Würzburg. „Doch gewisse Präadaptationen müssen die Tiere schon mitbringen.“ Das heißt, sie müssten in einer anderen Umwelt bereits Eigenschaften entwickelt haben, die ihnen dann in extremeren Trockengebieten von Nutzen sind – sie müssten somit präadaptiert, also vorangepasst sein.

„In vielen Regionen“, so Linsenmair, „ist flüssiges Wasser für längere Perioden Mangelware – und unter solchen Bedingungen haben zum Beispiel manche Mausarten im Lauf der Evolution bereits ‚gelernt‘, sparsam mit Wasser umzugehen und ihren Bedarf durch jenes Wasser zu decken, das beim

Käfer nehmen bis zu 40 Prozent ihres Körpergewichts an Wasser auf, indem sie Nebel »trinken«

Abbau von Kohlenhydraten und Fetten im Körper entsteht.“ Ebendiese Nager könnten die Vorfahren heutiger Wüstenbewohner gewesen sein.

Und Ulrich Joger vom Naturhistorischen Museum Braunschweig ergänzt: „Während Nagetiere und andere Säuger in der Wüste eher nachtaktiv sind, sind Reptilien auch dort relativ häufig tagaktiv. Mit ihrer wasserundurchlässigen Haut sind sie dazu präadaptiert.“

Nebeltrinker nennt man diese Schwarzkäfer in der Namib-Wüste. Sie fischen Wassertropfen aus Nebelschwaden, indem sie ihr Hinterteil in die Höhe strecken, auf dem sich die Feuchtigkeit niederschlägt und in Richtung ihrer Mundöffnung fließt

Angesichts der Probleme, die Tiere in der Wüste zu meistern haben, stellt sich die Frage, was sie überhaupt dorthin verschlagen hat. „Natürlich beschließt kein Lebewesen: Ich wandere jetzt mal in die Wüste“, konstatiert Linsenmair. Vielmehr verhalte es sich genau umgekehrt: Nicht die Tiere sind in die Wüste gegangen, sondern die Wüste ist zu ihnen gekommen.

Eine Landschaft, der Lebensraum dort siedelnder Organismen, trocknete allmählich aus, die Bedingungen verschlechterten sich immer mehr. Allerdings nur so langsam, dass jene Tiere, die über geeignete Präadaptationen verfügten, sich an die zunehmend unwirtlichen Verhältnisse weiter anpassen konnten, während die übrigen ausstarben.

Zwar ist es auch vorgekommen, dass Lebewesen in neu entstandene Wüsten einwanderten – doch handelte es sich dabei um Arten, die sich in benachbarten Trockengebieten bereits entsprechend angepasst hatten. Das dürfte auch auf die Tiere zutreffen, die heute in der Sahara leben. Denn die hat ihren heutigen Wüstencharakter erst innerhalb der vergangenen 6000 Jahre wiedergewonnen (siehe Seite 24) – eine relativ kurze Zeitspanne für grundlegende evolutionäre Anpassungen. Dass viele Bewohner der Sahara aus den **ariden Gebieten** Vorderasiens eingewandert sind, lässt sich anhand von Verwandtschaftsbeziehungen verlässlich nachweisen.

Andererseits gibt es auch in der Sahara Tierarten, die dort bereits siedelten, als diese Weltgegend noch ein grünes Paradies war, und nun mit den immer härteren Bedingungen fertig werden mussten – oder zum Aussterben verurteilt waren. Ende der 1990er Jahre sind Forschern in Südmauretanien an unterirdischen, hier mit fossilem Wasser gespeisten **Gueltas** – auch Trockenzeiten überdauernden Wasserstellen – Krokodile aufgefallen, die sich offenbar hauptsächlich von Fröschen und Fischen ernähren.

Genetischen Untersuchungen zufolge handelt es sich bei den Echsen keineswegs um eine eigene Art, sondern um eine Variante der Nilkrokodile. Allerdings haben sie sich an ihre Wüstenumgebung angepasst: So werden diese Krokodile nur gut zwei Meter lang und sind damit Zwerge im Vergleich zu ihren dreimal so langen Verwandten weiter südlich in den Flüssen Westafrikas.

Zudem verbergen sie sich bei großer Hitze und Trockenheit in offenbar selbst gegrabenen, bis zu 15 Meter tiefen Höhlen – was für Krokodile einzigartig ist. Auf diese Weise entziehen sich die Tiere der enormen Hitze, die nunmehr in ihrem uralten Siedlungsgebiet herrscht. Doch sollten die Gueltas irgendwann einmal versiegen, dürften die Tage der Krokodile gezählt sein, denn es ist kaum vorstellbar, dass sie sich an ein Leben völlig ohne Wasser anpassen könnten.

Memo | Anpassung der Tiere

- **WASSER** beschaffen, Verluste minimieren und der Hitze ausweichen: Das sind in der Wüste die wichtigsten Überlebensstrategien.
- **VIELE WÜSTENBEWOHNER** ziehen sich vor der Hitze unter die Erde zurück oder sind nachtaktiv.
- **SÄUGETIERE** verlieren Wasser mit dem Urin – Reptilien, Vögel und Insekten können Harnsäure dagegen fast wasserfrei ausscheiden.
- **KAMELE UND ANTILOPEN** besitzen Wärmetauscher, um ihr Gehirn zu kühlen.

Andere Reptilien dagegen kommen mit der Trockenheit und vor allem mit der Hitze offenbar gut zurecht. Eidechsen der Art *Aporosaura anchietae* etwa legen sich morgens platt auf den Bauch, um in dem zu dieser Tageszeit noch nicht allzu stark aufgeheizten Sand ihren in der Nacht ausgekühlten Körper schnell aufzuwärmen. Später am Tag spazieren die Tiere dann aber wie auf Stelzen durch die Gegend und halten ihren Rumpf auf diese Weise von der Bodenhitze fern. Und wenn sie stehen bleiben, halten sie meist zwei Beine in die Höhe, um den inzwischen sehr heißen Sand mit möglichst wenig Körperoberfläche zu berühren.

Dieses Verhalten nennen Forscher „thermoregulatory dance" – den Wärmeregulations-Tanz. □

Wissenschaftliche Beratung: **Prof. Karl Eduard Linsenmair**, Universität Würzburg, und **Prof. Ulrich Joger**, Naturhistorisches Museum Braunschweig.

Das Geheimnis der Gladiatoren

Im Jahr 2001 entdecken zwei Biologen höchst Merkwürdiges: Der eine spürt in Bernstein-Einschlüssen aus dem Baltikum ein Insekt auf, das keiner bekannten Gruppe zuzuordnen ist, der andere fängt in der Namib-Wüste ein lebendes Kerbtier, das dem fossilen verblüffend ähnelt. Und nun beginnt ein wissenschaftliches Rätselraten

Text: Eva-Maria Koch

Staunend und zugleich ungläubig beugen sich Martin Wittneben und Hartmut Köhler im Sommer 2001 an der Universität Bremen über ein Mitbringsel aus Afrika. Die beiden Biologen rätseln, was für ein Tier sie da vor sich haben. Der Körper dieses Insekts ist länglich wie der pflanzenfressender Stabheuschrecken, doch die Stacheln an den Vorderbeinen sowie starke Mundwerkzeuge weisen auf eine räuberische Ernährungsweise hin und erinnern an Gottesanbeterinnen; Flügel fehlen dem Kerbtier – anders als den Stabheuschrecken und Gottesanbeterinnen – vollständig.

Die von Martin Wittneben in der Namibwüste gefundene Spezies lässt sich in keine der bis dahin bekannten Untergruppen der Insekten eingliedern. Hat er im südwestlichen Afrika möglicherweise den Vertreter einer noch unbekannten **Ordnung*** entdeckt?

In 45 Millionen Jahre altem Bernstein eingeschlossen ist ein flügelloses Insekt, das Ähnlichkeiten mit Stabheuschrecken und Gottesanbeterinnen aufweist – aber nicht zu ihnen gehören kann. Der deutsche Biologe Oliver Zompro macht sich 2001 daran, das unbekannte Wesen zu bestimmen

Wittneben beschließt, das Tier bei seiner nächsten Namibia-Reise dem Experten Eugène Marais vom Nationalmuseum in Windhoek zu zeigen. Marais koordiniert seit 1998 ein Programm zur Erforschung der Biodiversität in einer bestimmten Region der Namib.

Das Land ist Wittneben vertraut, er wurde dort 1971 als Sohn deutscher Auswanderer geboren; studiert aber hat er in Bremen. Um mit seiner Heimat in Verbindung zu bleiben, entschloss er sich im Jahr 2000 zu einer Diplomarbeit über die Vegetation des Brandbergmassivs in Namibia.

Der hoch aufragende Inselberg liegt inmitten der flachen Schotterflächen der Namib. An den über 2500 Meter hohen Gipfeln bleiben Wolken hängen und sorgen für vermehrten Niederschlag.

Daher zeichnet sich der Brandberg durch eine hohe biologische Vielfalt aus: Neben sieben endemischen, also weltweit nur dort heimischen Pflanzenarten wurden mehr als 200 Insektenspezies ausschließlich in dieser Region registriert.

Markierte Wege durch die mächtigen Granitschluchten gibt es nicht, Temperaturen von bis zu 45 Grad Celsius zehren an den Kräften eines jeden Wanderers. Hier stößt Wittneben während einer Expedition mit einem Schweizer Kollegen im April 2001 bei der Suche nach Brennholz auf ein merkwürdiges Krabbeltier mit einem dreiteiligen Rückenschild.

„Es war eindeutig ein Insekt, doch irgendwie erschien es mir fremd“, erinnert sich der Biologe. „So etwas war mir bis dahin noch nie untergekommen.“ Er nimmt das Tier kurzerhand mit und konserviert es in einer mit Brandy gefüllten Filmdose. Erst in Bremen wird er sich näher damit befassen können.

Max-Planck-Institut für Limnologie am Schöhsee in Schleswig-Holstein, Juni 2001: Beinahe zeitgleich mit Wittnebens Insektenfund in Namibia bereitet dem Biologen Oliver Zompro ein Insekten-Fossil Kopfzerbrechen. Er hat es in 45 Millionen Jahre altem baltischem Bernstein entdeckt, der aus einer Sammlung der Universität Hamburg stammt. Das Baumharz hatte einige noch nicht vollständig entwickelte Insekten eingeschlossen, deren Merkmalskombinationen einzigartig waren. In welche Ordnung gehört dieses Lebewesen?

Der Fund verunsichert den jungen Forscher. Denn die mit Stacheln versehenen Vorderbeine und ein hochstehender Anhang am letzten Fußglied unterscheiden das Tier eindeutig von Stabheuschrecken und von Gottesanbeterinnen. Zompro gibt seiner Entdeckung den martialischen Namen „Gladiator“, weil ihn deren Form an gepanzerte Kämpfer erinnert.

Auf der Suche nach weiteren Exemplaren, die seinem kostbaren Fund ähneln, wenden Zompro und sein Doktorvater Joachim Adis sich an Museen und Privatsammler. Und es findet sich im Londoner Naturgeschichtlichen Museum ein ähnlich gebautes Insekt, das ein Sammler 1950 aus Tansania mitgebracht hat.

Vergleiche mit dem fossilen Tier zeigen, dass es sich tatsächlich um verwandte Arten handeln muss.

* Blau hervorgehobene Begriffe werden im Glossar ab Seite 150 näher erklärt.

Bis in 130 Meter Tiefe reicht hier in der Namib das Bohrgestänge. Doch bevor solche Explorationsbohrungen auf unterirdische Wasserspeicher treffen, müssen Geophysiker diese erst mit wissenschaftlichen Methoden lokalisieren

Und sie vermochten die Zeichen zu deuten, die fließendes Wasser und die tektonische Beanspruchung der Gesteinsschichten am Erdboden hinterlassen. Als einzige Hilfe nutzten sie ein kleines Flugzeug, von dem aus sie Luftbilder machten.

INZWISCHEN STEHEN HYDROGEOLOGEN eine Reihe moderner Messverfahren für die Erkundung des Untergrunds zur Verfügung, dennoch ist Wassersuche in der Wüste auch heute noch Detektivarbeit wie bei Martin und Korn.

Sie beginnt mit einem Blick auf die geologische Struktur eines Gebietes. „In der Regel hat man aufgrund von Indizien eine grobe Idee, wo es überhaupt Grundwasser geben könnte", erklärt der Hydrogeologe Armin Margane von der Bundesanstalt für Geowissenschaften und Rohstoffe in Hannover.

Der allergrößte Teil des Regens, der in Trockengebieten fällt, verdunstet sofort. Doch ein paar Prozent laufen in Flüssen oberflächlich ab oder versickern im Boden. Nachschub für das Grundwasser kommt häufig aus dem Hochland, da Wolken ihre Fracht meist dort abladen.

Damit das Regenwasser aber überhaupt in den Boden eindringen kann, muss die Oberfläche durchlässig sein. Poröser Sand- oder löcheriger Kalkstein kann Wasser in Hohlräumen speichern. Die Schwerkraft lässt es dann langsam durch Gesteinslücken nach unten sickern, wo es vor Verdunstung weitgehend geschützt ist.

Wohin das Wasser fließt und wie schnell es vorankommt, hängt vor allem von der Art der Gesteine ab: Grober Sandstein ist gut durchlässig, feinkörniges Tongestein hingegen behindert die Grundwasserströmung.

Je nach Größe der Hohlräume und deren Verbindung sowie dem Gefälle des Grundwasserleiters legt das Wasser darin einige zehn Meter am Tag zurück – oder auch nur einen Meter pro Jahr. Im Gebirge einsickernder Niederschlag gerät auf dem Weg bergab nach und nach unter Druck, da der Aufstieg durch wenig durchlässige Schichten behindert wird und Grundwasser von oben nachdrückt.

Dieser Druck kann sich über weite Entfernungen aufbauen und dazu führen, dass das Wasser an einer Schwachstelle des Untergrundgesteins als Quelle zutage tritt.

Häufig befinden sich diese Quellen an Bergflanken, manchmal aber auch inmitten eines Wüstenbeckens. In solchen **artesischen Oasen** (siehe Grafik Seite 116) steigt Wasser unter Druck aus dem Boden heraus. Die 72 Seen in der chinesischen Badain-Jaran-Wüste zum Beispiel werden aus einem 500 Kilometer entfernten Gebirge gespeist.

Zuweilen fließt das Grundwasser auch komplett unterirdisch vom Gebirge zum Meer, wo sich dann am Meeresboden Süßwasserquellen bilden, so vor der syrischen Küste.

Neben diesen sich erneuernden Reserven existiert vielerorts in großen Tiefen **fossiles Grundwasser**, das aus feuchteren Zeiten der Erdgeschichte stammt. In einer Schicht unter der östlichen Sahara etwa, dem Nubischen Sandstein-Aquifer, befindet sich vermutlich ein Vielfaches der Ostsee-Wassermenge, das Schätzungen zufolge ausreichen würde, die gesamte Bundesrepublik etwa 430 Meter hoch zu bedecken. Das Wasser stammt aus der letzten Eiszeit und jener Epoche vor etwa 6000 Jahren, als die Sahara eine grüne Savanne war (siehe Seite 24).

EXPERTEN STUDIEREN GEBIETE, in denen sie ergiebige Grundwasservorkommen vermuten, heute zunächst auf Satelliten- oder Luftbildern. Landsat-Satelliten der NASA sowie der europäische Satellit Envisat fangen vom Erdboden zurückgeworfenes sichtbares sowie infrarotes Licht auf. Zu **Falschfarbenbildern** kombiniert, können diese Aufnahmen auffällige geologische Strukturen deutlich hervortreten lassen.

Hydrogeologen fahnden etwa nach alten Flussläufen und ausgetrockneten Seen. Oder nach Verwerfungen in der Erdkruste: Dort ist festes Gestein oft von Rissen durchzogen, die einem bestimmten Muster folgen und an denen entlang sich einsickerndes Wasser ausbreitet. Auf den Wärmebildern werden kalte untermeerische Quellen sichtbar. Diese zeigen an, dass sich landeinwärts Grundwasser befinden muss.

Neuerdings helfen auch Radarsatelliten bei der Wassersuche. Diese Späher senden Radiowellen zur Erde und fangen deren Echo auf. In extrem trockenen Gebieten können die Signale sogar in den Grund eindringen und Gebiete mit Bodenfeuchte und verschüttete Flussbetten sichtbar machen.

Ein Strom aus dem Hochland

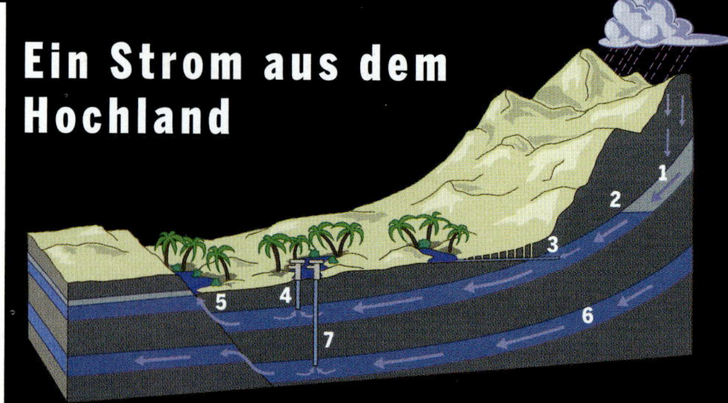

Regnet es im Gebirge, sickert Wasser in den Untergrund und speist Gesteinsschichten, die Grundwasser speichern (1). Dessen Spiegel (2) steigt. Während sich der Druck dadurch erhöht, strömt das Nass hangabwärts, sodass es in künstliche Kanäle gelangt (3) oder aus artesischen Brunnen (4) und natürlichen Verwerfungen (5) sprudelt. Auch seit Urzeiten gespeichertes Wasser (6) in tieferen Lagen fließt hinab – und wird ebenfalls angezapft (7)

Aus Radardaten lassen sich zudem digitale Geländemodelle herstellen, die das Relief einer Landschaft abbilden. So können Geologen die Abflusswege des Regenwassers ermitteln.

Anschließend müssen sie das Grundwasser mit physikalischen Messverfahren genau lokalisieren. Sie „durchleuchten" den Erdboden, ähnlich wie Mediziner Föten im Mutterleib durch Ultraschallwellen abbilden. Geophysiker nutzen dabei bestimmte Eigenschaften des Gesteins – etwa seine Dichte, Magnetisierung oder die Fähigkeit, Schallwellen weiterzuleiten.

Zunächst bestimmen sie in der Regel die **elektrische Leitfähigkeit** des Bodens. Feuchte Gesteinsschichten verraten sich dadurch, dass sie elektrischen Strom besser leiten als trockene.

Auch Süß- und Salzwasser lassen sich anhand der Leitfähigkeit unterscheiden. Dazu senden die Prospektoren **elektroma-**

Die künstlich veränderten Farben dieses Satellitenbildes verraten Geologen, wo sich hier im südlichen Afrika alte Flusssysteme befinden: Unter den gelben Dünenformationen werden hellbläuliche Strukturen ehemaliger Ströme (in der Bildmitte unten) sichtbar, die möglicherweise noch heute Wasser bergen gnetische Felder aus, die im Boden elektrische Ströme induzieren. Wie stark diese sind, hängt davon ab, wie viel Widerstand das Gestein ihnen entgegensetzt. Die Ströme erzeugen ihrerseits ein charakteristisches elektromagnetisches Feld, aus dem sich auf die Leitfähigkeit des Gesteins schließen lässt.

Zwei Verfahren haben sich dabei besonders bewährt: Bei dem einen sind Sender und Empfänger in einer etwa zehn Meter langen, zigarrenförmigen Sonde unter einem Hubschrauber montiert. Es liefert Daten aus einer Tiefe bis etwa 100 Meter.

Bei der zweiten Methode werden Spulen von rund 100 Meter Durchmesser auf dem Boden ausgelegt oder um ein Flugzeug herumgespannt – vom Bug über einen der Flügel zum Heck und von da über den anderen Flügel zurück. Damit lassen sich Einblicke bis in mehrere hundert Meter Tiefe gewinnen.

Die elektrische Leitfähigkeit deutet freilich nur indirekt auf Wasser hin – Tonminerale erzeugen beispielsweise das gleiche Signal wie mit Brackwasser gefüllter Sandstein. Um was für Gesteine es sich genau handelt, lässt sich mithilfe von Verfahren eingrenzen, die auf seismischen Effekten beruhen: Dazu erzeugen die Geophysiker – meist durch Sprengladungen – Schallwellen, messen deren Ausbreitung im Untergrund und ermitteln dadurch den Verlauf von Gesteinsschichten.

SEIT ETWA ZEHN JAHREN können Geophysiker Wasser auch direkt vom Erdboden aus nachweisen. Die dazu benötigte Technik hat ein Team um Professor Ugur Yaramanci von der Technischen Universität Berlin entscheidend vorangebracht. Das erforderliche Zubehör passt in einen Geländewagen: zwei Autobatterien, ein paar Kabeltrommeln, ein Laptop und zwei robuste Apparate jeweils von Kühlschrankgröße, die Strom umformen sowie Magnetfelder erzeugen und messen können.

„Wir erkennen mit diesem Instrumentarium", erklärt Yaramanci, „wo und wie viel Wasser im Boden vorhanden ist und ob es sich in großen oder kleinen Poren befindet – also ob es überhaupt förderbar ist." Das Verfahren nutzt die Tatsache, dass Wasserstoff-Atomkerne sich wie kreiselnde Magneten verhalten, wenn sie sich in einer Flüssigkeit befinden. Im Grundwasser vorhandene Kerne richten sich deshalb wie Kompassnadeln stets entlang der Feldlinien des Erdmagnetfeldes aus.

Um die Atomkerne zum Reagieren zu bringen, muss aber zunächst ein künstliches Magnetfeld erzeugt werden. Dazu werden Kupferkabel in Form eines Kreises, eines Quadrats oder einer Acht auf dem Boden ausgelegt – mit einem Durchmesser von zehn bis 200 Metern. Dann lässt man für einige Tausendstelsekunden Wechselstrom durch diese Spulen fließen.

Das so erzeugte **elektromagnetische Wechselfeld** dringt in den Boden ein – mit einer bestimmten Frequenz, auf welche die Wasserstoffkerne besonders gut reagieren und die sie geradezu zum Tanzen bringt. Wird dann der Strom abgeschaltet, kehren die Kerne in ihre Ausgangslage zurück. Dabei senden sie ein elektromagnetisches Signal aus, aus dem sich schließen lässt, wie viele Wasserstoffkerne sich im Boden befinden.

Noch aber ist dieses Verfahren nicht so ausgereift, dass es überall routinemäßig eingesetzt werden könnte.

Hinweise auf Wasser im Untergrund liefert diese torpedoförmige Sonde. Sie sendet elektromagnetische Wellen aus, mit denen Daten über die elektrische Leitfähigkeit des Bodens zu gewinnen sind: Je feuchter der Boden, desto leitfähiger ist er

Auf der Suche nach Wasser durchleuchten Hydrogeologen den Erdboden wie Ärzte ihre Patienten bei der Untersuchung verborgener Leiden

DAS AUFSPÜREN VON WASSER im Wüstenboden ist jedoch nicht das alleinige Ziel der Hydrogeologen – sondern auch das Entwickeln von **Grundwassermodellen**. Forscher der Bundesanstalt für Geowissenschaften und Rohstoffe (BGR) haben solche Modelle für die Bewirtschaftung der Grundwasserressourcen in mehreren Regionen Namibias entwickelt.

Im Jahr 2002 erkundeten sie dort zunächst mehrere Monate lang mit ihrem Mess-Hubschrauber die elektrische Leitfähigkeit der oberflächennahen Gesteinsschichten und ergänzten diese Exploration durch Leitfähigkeits-Messungen am Boden. Daneben trugen sie weitere Daten zusammen: Satellitenbilder,

Selbst in der heißesten Zeit des Jahres führt diese *guelta* im Ennedi-Gebirge im Norden des Tschad Regenwasser. Sie ist eine überlebenswichtige Tränke für Kamele – aber auch für Krokodile, die inmitten der Sahara leben, seit es hier noch feuchter war. Das Reservoir wird in der Trockenzeit aus Regenwasser führenden Gesteinsschichten des Höhenzugs gespeist

Niederschlagsmengen, Pegelstände und geologischer Aufbau an vorhandenen Brunnen sowie Informationen über die chemische Zusammensetzung des Grundwassers.

So konnten sie unter anderem ermitteln, dass sich in einer Region im Nordosten Namibias unter einer bereits bekannten salzigen Wasserschicht noch nutzbares süßes Grundwasser befindet. Sie errechneten, wie viel Wasser dort wahrscheinlich gespeichert ist, wie es sich neu bildet, wohin es fließt und wie alt es ist.

Doch die letzte Gewissheit darüber, ob sich das Wasser tatsächlich dort befindet, wo man es vermutet, bringt erst eine Bohrung.

Da die aber sehr teuer sei, erklärt Armin Margane von der Bundesanstalt, lohne sich zuvor eine aufwendige geophysikalische Erkundung in Trockengebieten: In einem ihrer Projektgebiete seien die BGR-Forscher bei drei von vier Bohrungen auf ergiebige Süßwasserquellen gestoßen. „Ein anderes Bohrprogramm ohne vorherige geophysikalische Erkundung hatte in der gleichen Gegend nur eine Erfolgsquote von zehn bis 15 Prozent.“

Doch auch Gefahren wurden deutlich: In einem anderen Projektgebiet wiesen die BGR-Forscher zwar beträchtliche Mengen Süßwasser nach. Doch ergaben ihre Berechnungen, dass die Grundwasser führenden Schichten versalzen könnten, sollte zu viel Wasser gefördert werden.

Memo | Wassersuche

- **NUR EIN BRUCHTEIL** des Regens sickert in den Boden der Wüsten, der große Rest verdunstet sofort.
- **DIE POROSITÄT** des Gesteins entscheidet, ob und wie schnell das Wasser einsickert und wohin es fließt.
- **EIN VIELFACHES** der Ostsee-Wassermenge vermuten Geologen im Nubischen Aquifer unter der Sahara.
- **AUCH MIT WÜNSCHELRUTEN** waren Wasserdetektive in der Wüste erfolgreich.

IN VIELEN TROCKENLÄNDERN ist durch klugen Umgang mit der knappen Ressource Wasser ohnehin weitaus mehr einzusparen, als sich neu erschließen lässt. In Jordanien etwa geht mehr als die Hälfte des Trinkwassers durch Schwund aus maroden Leitungen verloren.

Darüber hinaus ist die Verschmutzung des Grundwassers in diesen Ländern ein großes und wachsendes Problem. Da es weithin am schützenden Mutterboden an der Oberfläche fehlt, können Pestizide und Düngemittel ungefiltert das Grundwasser verunreinigen. Negativ wirkt sich zudem aus, dass heutzutage Dieselpumpen Wasser aus vielen hundert Meter Tiefe fördern und vielfach traditionelle Formen der Wassergewinnung verdrängt haben.

Dabei verließen sich die Menschen im Trockengürtel von Nordafrika bis China jahrhundertelang auf eine nachhaltige Wasserversorgung. Unterirdische, in den Fels gehauene Kanäle leiteten Grundwasser oft vom Fuße eines Berges mit sanfter Neigung viele Kilometer weit in künstliche Oasen, wo ein Wassermeister über die Verteilung des Schatzes wachte.

Diese frühe Meisterleistung des Wasserbaus wurde unter unsäglichen Mühen und Opfern erbracht – in Nordafrika etwa von Sklaven, die sich in etlichen Meter Tiefe mit kurzstieligen Hacken durchs Gestein arbeiten mussten und oft in einstürzenden Schächten umkamen.

Und in der Nähe von Namibias Hauptstadt Windhoek wird Wasser aus einem 60 Kilometer entfernten Stausee in Bohrlöcher gepresst, damit sich der Grundwasserspiegel erhöht. Die Talsperre selbst taugt als Speicher wenig: Fast der gesamte Überschuss aus regenreichen Monaten verdunstet dort während der heißen Jahreszeit.

Auf natürlichem Wege aber werden sich tief gelegene Grundwasserreservoire so bald kaum wieder füllen.

Zwar nehmen viele Klimaforscher an, dass die globale Erwärmung den Wasserkreislauf der Erde ankurbeln wird – der afrikanische Monsun scheint bereits stärker geworden zu sein,

Wassergewinnung mit einfachsten Mitteln: Feinmaschige Nylonnetze kämmen Wassertröpfchen aus den Nebelschwaden von Küstenwüsten

Spezielle Taucher waren anschließend für die Reinigung der Kanäle zuständig, die durch senkrechte Einstiegsschächte erreichbar waren. Bis zu vier Minuten konnten sie die Luft anhalten, um in den höchstens anderthalb Meter weiten Kanälen nach Sand und Gestein zu suchen, das in den Schacht gefallen oder aus den Wänden herausgebrochen war, und es dann auch zu entfernen. Viele sind dabei ertrunken.

DOCH AUCH MIT EINFACHSTEN MITTELN lässt sich heute noch Wasser erschließen – etwa indem man Regen, Tau oder Nebel auffängt und in Zisternen speichert. So kämmen in der Namib und in Chile große, feinmaschige Nylonnetze literweise Feuchtigkeit aus Nebelschwaden, die regelmäßig morgens von den Küsten herüberwehen.

In anderen Ländern bemüht man sich dagegen, erschöpfte Grundwasservorräte mit Oberflächenwasser aufzufüllen und erneut nutzbar zu machen. So kann in Jordanien Wasser aus einem Stausee, das in den umgebenden Kalkstein und unterirdisch stromabwärts sickert, nach einigen Kilometern in einem Brunnenfeld wieder entnommen werden.

und schon jetzt fällt am Südrand der Sahara mehr Regen als noch vor einigen Jahren. Für die nördliche Sahara, den Südwesten der USA sowie weite Regionen im Nahen Osten sagen die Wissenschaftler hingegen voraus, dass der Niederschlagsmangel sich noch verschärfen wird.

Auf Regen ist in der Wüste eben kein Verlass. Hermann Korn und Henno Martin mussten einst in ihrem Exil in der Namib neun Monate auf ihr erstes Wüstengewitter warten. Erst dann bauten sich weiße Wolkentürme am Horizont auf, Blitze zuckten über das Hochplateau.

Immer näher kamen die Regenvorhänge, ein kühler Wind brauste durch den Kuiseb-Canyon. Schließlich platschten dicke Tropfen auf den glühend heißen Boden und lösten sich sofort in feinen Nebel auf.

Die Männer rissen sich die Kleider vom Leib und tanzten durch das prasselnde Wasser – sieben Minuten lang. Dann war das Gewitter vorbei. □

Die Wissenschaftsautorin **Ute Kehse**, 38, lebt in Delmenhorst. Fachliche Beratung: **Dr. Armin Margane**, Bundesanstalt für Geowissenschaften und Rohstoffe, Hannover, und **Prof. Dr. Ugur Yaramanci**, Technische Universität Berlin.

Kein Fels auf Erden hat Bestand: Wasser, Wind, Frost, Hitze und Salze zersprengen jedes Gestein. Und auch die spektakulären »Monuments« im Westen der USA sind nur Zwischenprodukte dieses Zerstörungswerks. Alles schluckt schließlich der Ozean. Was bleibt, ist flaches Land

Text: Jörn Auf dem Kampe

Giganten auf dem Weg ins Meer

Auf dem Colorado-Plateau im Norden Arizonas sind in Jahrmillionen weiche Gesteinsschichten verwittert. Geblieben sind, Trutzburgen gleich, vorerst Inseln aus härterem Gestein – umgeben von Schürzen aus Schutt, die der Regen allmählich in den Colorado spült

Hunderte Meter tief hat sich der Colorado am »Hufeisen-Bogen« in das Sandwich aus Sedimentgesteinen gefräst. Flusswasser löst nicht nur die Bindung zwischen den Mineralkörnchen der Felsen, es wirkt auch – wenn der Strom mit Gesteinsschutt über den Grund reibt – wie eine gigantische Raspel

Strömender Regen hat in Jahrzehntausenden diese Windungen in den »Antelope Canyon« in Arizona gewaschen. Auch heute wird die Schlucht fünf- bis sechsmal im Jahr überflutet

Steile Schluchten, jähe LÖCHER IM FELS oder meterhohe Felswände versperren auf dem Colorado-Plateau allenthalben die Wege

Es ist Mittag, und die Temperatur hat 35 Grad Celsius erreicht, da tritt Grant C. Willis an den Felsen. Mit einem Messer schneidet der Geologe ein paar Millimeter tief in das schlammbraune, rissige Gestein, hebelt behutsam ein Bröckchen heraus, klemmt es zwischen Daumen und Zeigefinger und betrachtet es konzentriert durch seine Lupe.

Dann bricht Willis etwas davon ab, legt es sich auf die Zunge, spuckt es wieder aus und sagt: „Kein reiner Tonstein. Guter, feiner Tonstein saugt Wasser. Und klebt deshalb an der Zunge fest." Dieses Material aber sei von gröberer Konsistenz, erklärt er und rollt das Bröckchen zwischen seinen Fingern hin und her, bis es zerbröselt. „Das zeigt, dass der Fels hier nur wenig bindende Substanz enthält. Also wird er sich auch nicht mehr lange behaupten. Ein paar tausend Jahre vielleicht. Dann ist er weg."

Der Fels vor ihm ist von sonderbarer Gestalt: Er ragt kegelförmig etwa zwei Meter auf, und oben lastet auf ihm eine mächtige, viel breitere steinerne Kappe. Das Ganze sieht aus wie ein Pilz mit Stiel und Hut, und in dieser Gegend im Südosten des US-Bundesstaates Utah gibt es davon Hunderte, im „Goblin Valley", dem „Tal der Kobolde", sogar einen ganzen Wald. Sie alle haben einen Stiel aus brüchigem Material, wie jener, dem Willis seine Probe entnommen hat. Die Hüte sind sämtlich aus weit härterem Gestein – manche klobig, andere flach wie Scheiben, wieder andere von Krempen umsäumt oder mit sanft gerundeten Zipfeln geziert.

Nur eine Stichstraße führt vom Highway 24 aus zu diesem bizarren Skulpturenpark. Fast eine Stunde fährt man von der nächsten Ortschaft, dem 300-Seelen-Dorf Hanksville, dessen wesentlichste Attraktion eine in den Fels gehauene Tankstelle ist. Zudem pflegt man hier die Legende, der berüchtigte Viehdieb und Bankräuber Butch Cassidy habe sich Ende des 19. Jahrhunderts häufiger im Ort blicken lassen.

Wasser zerstört und konserviert den Stein zugleich: An einigen Stellen zerfrisst es den Fels, an anderen schwemmt es Minerale aus und bildet mit ihnen eine Schicht, welche die Gesteinsoberfläche schützt

In Hanksville macht auch Willis zuweilen Quartier. Und den 49-jährigen Vollbartträger stört die Abgeschiedenheit nicht im geringsten. Ohnehin ist er unablässig in entlegenen Landstrichen unterwegs, schreitet allein das Gelände ab, befühlt die Gesteine, kontrolliert deren Zusammensetzung.

Grant Willis ist so etwas wie der Generalinspekteur dieser Felslandschaft, und gemeinsam mit fünf Kollegen arbeitet er gegenwärtig an einem monumentalen Projekt. Es sieht vor, dass nach und nach alle zutage tretenden Gesteinsschichten in Utah kartiert und dafür mit dem Zeichenstift festgehalten werden.

Diese Inventur des Untergrunds soll etwa Straßenplanungen erleichtern, aber auch Bergbaukonzernen bei der Suche nach Silber, Gold und Erdöl helfen.

In den vergangenen fast zwei Jahrzehnten haben die Wissenschaftler aber erst die Hälfte des Staatsgebiets erfassen können. Denn sie sind in einer der unzu-

Die Demontage – Schritt für Schritt

Wie die Kräfte von Verwitterung und Erosion in der Wüste das Gestein bearbeiten

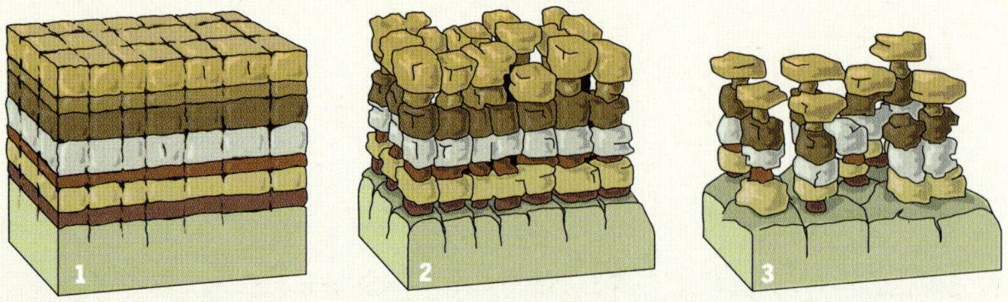

»Hoodoos« entstehen, wenn Sedimentschichten rechtwinklig zerklüftet werden (1) und Regenwasser nach und nach die Zwischenlagen zerfrisst, wobei die härteren länger bestehen bleiben (2). So bilden sich Schaschlikspießen ähnliche Formationen (3)

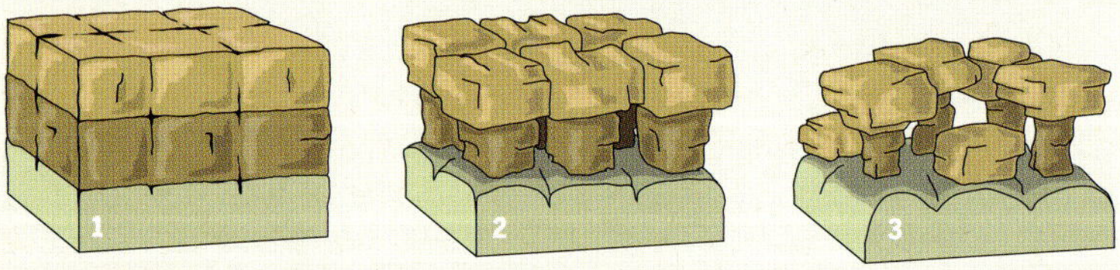

Nach dem gleichen Muster bearbeitet Regenwasser die Pilzfelsen aus dem »Goblin Valley«: An den **Klüften*** greift es an (1), präpariert Säulen heraus (2) und zernagt die weicheren Sockel zu Stielen, auf denen Kappen aus resistenterem Gestein ruhen (3)

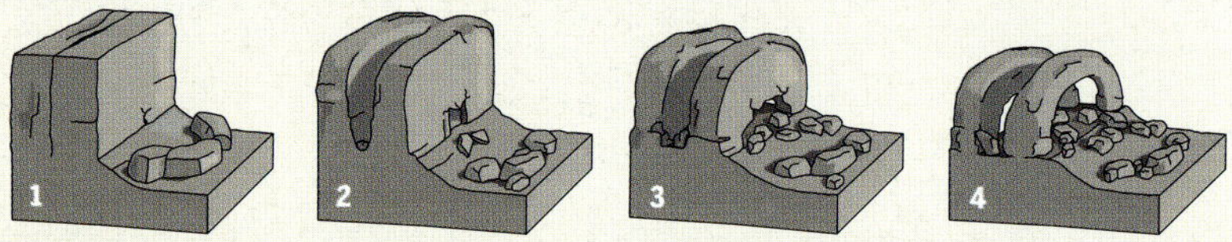

Bögen bilden sich, wo parallele Klüfte die Sedimente zu Scheiben zerschnitten haben (1), sodass Wasser von zwei Seiten angreifen und die Scheiben aushöhlen kann (2). Die Öffnung erweitert sich zu einem Durchbruch (3), bis ein Bogen zurückbleibt (4)

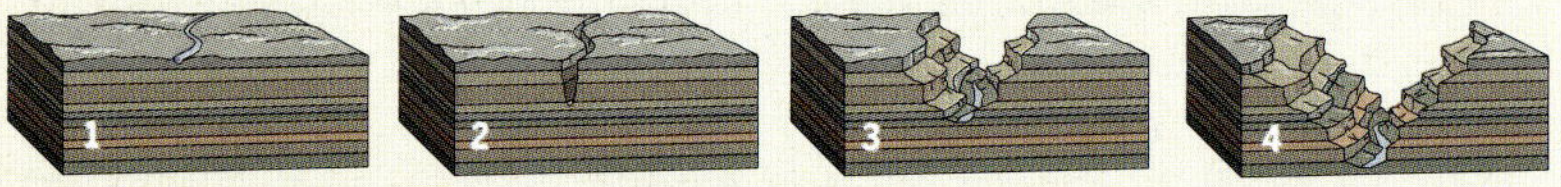

Verwitterungsschutt befördernde Flüsse fräsen sich in ein Paket aus Sedimenten und schneiden vertikal ein (1 und 2). Die Sedimentschichten verwittern zu treppenförmigen Canyons (3 und 4), und das darin strömende Wasser trägt den Abraum ins Meer

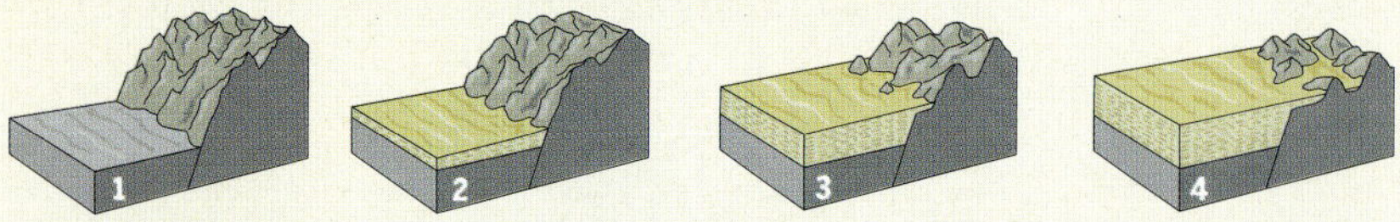

Wo es keinen Fluss gibt, der das Material wegtransportiert, entstehen oft ausgedehnte Schuttflächen. Verwitterungsprodukte von Bergen und Hügeln spült der Regen in nahe gelegene Senken (1 und 2), und der Höhenzug »ertrinkt« allmählich im Schutt (3 und 4)

Weht ein kräftiger Wind in der Wüste, reißt er Sand mit sich, der die Gesteine abschmirgelt (1 und 2). Diesen Sandstrahl treibt der Wind jedoch nur in Bodennähe voran, sodass die Felsblöcke pilzförmig abgeschliffen werden (3)

gänglichsten Weltgegenden unterwegs: auf dem Colorado-Plateau, einem kolossalen Block aus ungewöhnlich geformten Gesteinen. Steile Klippen, steinerne Säulen und Mauern stellen sich dort ihrer Arbeit entgegen, Hunderte von Metern tiefe Schluchten tun sich jäh vor dem Wanderer auf.

Benannt nach ihrem größten Fluss, erhebt sich diese Hochebene in Colorado, Utah, Arizona und New Mexico im Schnitt 1600 Meter über den Meeresspiegel und misst rund 380 000 Quadratkilometer – mehr als ganz Deutschland. Er habe ein „Land aus nacktem Fels mit gigantischen, in Stein geschlagenen Figuren" gesehen, notierte der Abenteurer und Geologe John Wesley Powell, als er 1875 per Boot den Colorado erkundete: „Überall Felsen, in zehntausend seltsamen Gestalten."

In der Fachwelt gelten mehr als drei Viertel des Plateaus als Wüste. In den verbleibenden feuchteren Zonen regnet es immerhin so viel, dass dort Kiefern und Fichten gedeihen. Wo es trockener ist, wachsen etwa Wacholderbüsche, anderswo findet man nur noch Gräser und Kakteen.

Weit zurück in der Erdgeschichte wurde diese Region – damals mehr als 2000 Meter tiefer gelegen – im Laufe von Hunderten von Jahrmillionen immer wieder vom Meer überflutet. Wenn es verschwand, hinterließ es stets Schlick, Salz und Kalkschalen winziger graziler Wesen. In den trockenen Epochen breiteten sich Sandwüsten aus, die dann erneut vom Meer bedeckt wurden. Nach und nach schichteten sich so Sedimente in mächtigen Lagen übereinander. Die daraus entstandenen Gesteine waren von höchst unterschiedlicher Festigkeit.

„Vor gut 50 Millionen Jahren", sagt Grant Willis und deutet um sich herum, „begann dann das gesamte Plateau allmählich in die Höhe zu steigen." Womöglich haben ungeheure tektonische Bewegungen es nach oben gedrückt, vielleicht ist auch ein besonders heißer Teil der Erdkruste unter ihm aufgequollen und hat dadurch die Landschaft angehoben.

Seither aber ist dieses nunmehr hoch aufragende ländergroße Felspaket Kräf-

* Blau hervorgehobene Begriffe werden im Glossar ab Seite 150 näher erklärt.

ten ausgesetzt, die es wieder abbauen: Wasser, Wind, Salze, Sand, Frost und Hitze fräsen, schleifen, bohren an dem Gestein. Und der Schutt landet letztendlich, vom Regen davongespült, mit dem Colorado im Pazifischen Ozean.

Solche Kräfte wirken auf allen Kontinenten – bis diese wieder auf Meereshöhe abgeschliffen sind. Über lange Zeiträume tragen sie nach und nach jedes Gebirge, jedes Plateau und jeden Vulkan ab. Die Kontinente bestatten sich quasi unentwegt selbst. Der Nivellierung entgegen wirken allerdings tektonische Vorgänge, die Teile der Landmasse emporheben und Gebirge auffalten können. Und immerhin gebremst wird der Abtrag der Landschaften dort, wo sie von Wäldern und Wiesen bewachsen sind.

Geologen unterscheiden dabei zwei Prozesse – die Verwitterung und die Erosion. Gestein verwittert, wenn Regenwasser in den Fels dringt und die Bindung zwischen den Mineralkörnchen löst. In Wasser gelöste Gase der Atmosphäre verstärken diesen Effekt. Zudem können Temperaturschwankungen das Gestein mechanisch zerstören: Erwärmt es sich stark und kühlt wieder ab, gerät es so unter Spannung, dass sich sein Gefüge lockert. Auch kommt es vor, dass Wasser, das sich tagsüber in Spalten sammelt, nachts gefriert und den Stein sprengt. Oder es lässt Salze zurück, deren Kristalle sich ausdehnen. Oder Pflanzenwurzeln schieben sich in Ritzen, wachsen und quellen auf.

All diese natürlichen Vorgänge sprengen und zerbröseln schließlich den Fels.

Die CANYONS IM PLATEAU beschleunigen den Abfluss des schuttbeladenen Regenwassers – und damit die Demontage der Gesteine

Wie ein Bildhauer modelliert das Wasser die Säulen des Bryce Canyon, verwittert die labileren Schichten der teils hochhausgroßen Pfeiler und nimmt dem Skulpturengarten in 100 Jahren zwischen 60 Zentimetern und etwas mehr als einem Meter Höhe ab

In den »Delicate Arch« hat Wasser ein Loch gefressen, das immer größer wird. Doch noch hält sich der Bogen, da sein Gewicht wie bei einer antiken Brücke auf zwei Pfeilern lastet

Unter Erosion verstehen Geologen hingegen den Abtransport des unablässig anfallenden Schutts – von mächtigen Brocken, die bei Erdrutschen in den Gebirgen zu Tal donnern, bis hin zu staubfeinen Körnchen, die der Wind über Kontinente und Ozeane bläst.

Nirgendwo bieten sich diesem permanenten brachialen Zerstörungswerk bessere Voraussetzungen als in den Wüsten der Erde. Denn dort sind die das Gestein sprengenden Temperaturunterschiede meist riesig: Weil die Luft extrem trocken ist und kaum Wolken die Sonne abschatten, kann deren Strahlung tagsüber ungehindert herabdringen; nachts hingegen hält nichts die Wärme zurück. In der chilenischen Atacama etwa schwankt die Temperatur binnen weniger Stunden um 54 Grad Celsius. Zudem ist in den **ariden Gebieten** der Erde der Boden kaum bewachsen. Daher kann der Wind ungebremst gewaltige Mengen Staub und Sand mit sich reißen und wirkt wie ein Sandstrahlgebläse. Allerdings nur bodennah, bis in wenige Meter Höhe – was etwa in der Sahara Skulpturen mit schlankem Hals und breitem Kopf hervorbringt.

Aber selbst in den trockensten Regionen der Erde ist der weitaus wichtigste Faktor in diesem Zerstörungsprozess – das Wasser: Dort regnet es zwar selten, doch wenn, dann ergießen sich häufig Wolkenbrüche auf eine Landschaft, in der keine Pflanzendecke die Kraft des Wassers hemmt. „In einer Wüste geschieht lange, lange nichts", meint der Geowissenschaftler Robert S. Anderson von der University of Colorado in Boulder, „und dann auf einmal sehr, sehr viel."

Besonders spektakulär arbeitet das Wasser auf dem Colorado-Plateau im Arches National Park nördlich der Stadt Moab. Tausende von Bögen spannen sich über den Grund, eine auf der ganzen Welt einmalige Ansammlung. Sandstein liegt hier über einer instabilen Salzschicht und ist dadurch ins Rutschen geraten. Eine Bewegung, die das Gestein in parallel verlaufende Spalten zerklüftet und in Blöcke zerbricht.

So konnte das Wasser von zwei Seiten großflächig angreifen. Es hat Höhlungen geformt, die sich zu Durchbrüchen erweiterten. Immer mehr Material hat die Verwitterung aus dem Verbund gelockert und die Erosion abtransportiert, bis schließlich Bögen übrig geblieben sind (siehe Grafik Seite 126). „Weil sich wie bei antiken römischen Brücken der Druck auf die beiden Enden der Bögen verteilt", erläutert Willis, „bleiben sie ziemlich lange stabil."

Der „Landscape Arch", einer der größten Bögen auf dem Plateau, erstreckt sich über gut 100 Meter, ist jedoch an seiner schmalsten Stelle nur wenige Meter stark. Immer wieder ist hier tonnenweise Gestein heruntergekommen – zuletzt 1991. Jederzeit kann die fragile Konstruktion zusammenbrechen. „Mein Zelt würde ich darunter nicht aufschlagen", sagt der Geologe.

Auch im Tal der Pilze ist das Werk des zerstörerischen Wassers allenthalben zu besichtigen, obwohl dort jährlich nur fünf, sechs Gewitter niedergehen. „Das Wasser sammelt sich in diesen feinen Frakturen“, sagt Willis und zeigt auf einen der Sockel, „löst den pulverigen Fels auf oder zersprengt ihn, wenn es nachts gefriert.“

Irgendwann können die immer schmaler geraspelten Stiele ihre Last nicht mehr tragen, sie brechen zusammen, und die Hüte stürzen zu Boden. Dort wird das Material immer weiter zermürbt, bis der Wind es als Staub fortträgt – sofern es der Regen nicht schon weggeschwemmt hat. „Hier zum Beispiel fließt das Wasser nach einem Wolkenbruch ab“, sagt Willis und deutet auf eine knöcheltiefe Furche in dem sandigen Boden.

Weiter unten im Tal vereinigen sich solche Rinnsale zu Bächen, und die wiederum rauschen, voller Schlamm und Geröll, hinab in den wenige Meilen entfernten „Muddy River“, den „schmutzigen Fluss“, einen Nebenarm des Colorado.

Einen Blick auf die Zukunft des Plateaus eröffnet der Colorado in der Nähe von Moab. Hier hat sich der Strom mit dem aus seinen Zuflüssen eingespülten Schutt tief in das Plateau geraspelt und strömt heute einige hundert Meter tiefer als vor fünf Millionen Jahren.

Dieser gewaltige Einschnitt beschleunigte die Erosionsvorgänge auf der felsigen Hochebene wahrscheinlich um ein Vielfaches, denn er erzeugte ein enormes Gefälle. Nach Berechnungen des Geologen Joel Pederson von der Utah State University in Logan haben Verwitterung und Erosion das gesamte Colorado-Plateau seit seinem Aufstieg vor 50 Millionen Jahren um 841 Meter abgebaut – die Gesteinsmenge entspricht einem Würfel mit einer Kantenlänge von mehr als 68 Kilometern. An einigen Stellen verliert der Skulpturenpark nach Ermittlungen der Wissenschaftler in 100 Jahren zwischen 60 Zentimetern und etwas mehr als einem Meter an Höhe.

Überall trifft Grant Willis auf die Spuren von Verwitterung und Erosion, während er mit energischem Schritt durch die ausgedörrte Felslandschaft des Colorado-Plateaus eilt. Er kann sich keinen besseren Ort für einen Geologen vorstellen und ist sich sicher, dass ihn dieser „wunderbare Irrgarten“ sein ganzes Arbeitsleben beschäftigen wird.

Sorge darum, dass dieser seinen einzigartigen Charakter verliert, braucht er nicht zu haben. Nach Hochrechnungen der Forscher wird das Plateau, sofern die Kräfte der Demontage mit der gleichen Geschwindigkeit wie heute weiterarbeiten, erst in einigen zehn Millionen Jahren verschwunden sein.

Dann aber wird der Colorado Billionen von Kubikmetern Gesteinsschutt in den Golf von Kalifornien transportiert und diese Bucht des Pazifischen Ozeans damit aufgefüllt haben. Und wo sich einst das Colorado-Plateau erhob, wälzt sich dann ein träger Strom durch eine Landschaft mit sanften Hügeln. □

Jörn Auf dem Kampe, 34, ist GEOkompakt-Redakteur.

MEMO | EROSION

››› EROSION UND VERWITTERUNG sind Teil eines globalen Kreislaufs, bei dem jede Erhebung geschliffen und deren Schutt in die Ozeane transportiert wird.

››› VOR 50 MILLIONEN JAHREN schob sich das Colorado-Plateau um durchschnittlich 1600 Meter in die Höhe.

››› EIN WÜRFEL von 68 Kilometer Kantenlänge wurde bereits vom Plateau abgeräumt.

››› IN EINIGEN ZEHN Millionen Jahren könnte die Hochebene völlig verschwunden sein.

Tausende von STEINERNEN BÖGEN spannen sich über das ausgedörrte Land bei Moab – aber es sind höchst fragile Konstruktionen

Wissen erleben!
GEOkompakt
Die Grundlagen des Wissens
GEOkompakt Nr. 9
GEOkompakt Nr. 10
GEOkompakt Nr. 11
GEOkompakt Nr. 12
Die Grundlagen des Wissens
Auch zum Verschenken!
GEOkompakt Heft 13
Leben in der Steinzeit:
Von Höhlenmalern, Mammutjägern und Sterndeutern.
GEOkompakt Heft 14
Meilensteine der Erkenntnis:
Wie große Naturforscher das Bild unserer Welt verändert

Geschenk wählen!

Karte schon weg?
Sichern Sie sich GEOkompakt zum Vorteilspreis!
Bestellen Sie einfach per

Tel.: 01805/861 80 00*

E-Mail: GEOkompakt-Service@guj.de

Bitte Bestellnummer angeben:
zum Selbstlesen: 548967, zum Verschenken: 548968

Haben Sie die ersten Ausgaben verpasst?

Fehlende GEOkompakt-Ausgaben können Sie einfach nachbestellen: per Telefon unter o. g. Telefonnummer oder im Internet unter www.geo-webshop.de. Sie erhalten jedes Heft für € 8,– zzgl. Porto und Verpackung (D).

Verlag: Gruner+Jahr AG & Co KG, Dr. Gerd Brüne, Am Baumwall 11, 20459 Hamburg. AG Hamburg, HRA 102257.
Vertrieb: DPV Deutscher Pressevertrieb GmbH, Dr. Olaf Conrad, Düsternstr. 1, 20355 Hamburg. AG Hamburg, HRB 95 752.

*14 Cent/Min. aus dem deutschen Festnetz, Mobilfunkpreise können abweichen.

GEOkompakt-Sammelbox + Erstausgabe

Diese praktische Sammelbox schützt Ihre wertvolle Sammlung vor Staub und gibt bis zu 7 Heften einen sicheren Stand. **Zusätzlich erhalten Sie die Erstausgabe von GEOkompakt gratis dazu.**

Bergmann Uhr »Modell 1951«

Glanzvolle, leicht lesbare Herrenuhr mit goldfarbenen Zeigern und Ziffern auf champagnerfarbenem Ziffernblatt. Gewölbtes Mineralglas, braunes PU-Lederarmband in Kroko-Optik. Ø ca. 41 mm.

Sudoku-Spiel »Sudo-Q-Mate«

Der beliebte Rätselspaß – jetzt elektronisch für überall! Mit mehr als 2.000.000 Varianten in 8 Schwierigkeitsstufen. Einfach bedienbar per mitgelieferten Stift. Integrierte Uhr mit Wecker. Maße LC-Display: ca. 5,2x7,1 cm.

Gleich Karte ausfüllen und abschicken!

Tauchen Sie ein in die Grundlagen des Wissens

GEOkompakt präsentiert die großen Themen der Allgemeinbildung in außergewöhnlicher visueller Opulenz, mit anschaulichen, leicht verständlichen Texten und Erklärungen. Alle GEOkompakt-Ausgaben ergänzen sich zu einer **Bibliothek des Wissens.**

Ihre GEOkompakt-Vorteile

- Sie sparen mehr als 9 % gegenüber dem Einzelkauf!
- Sie erhalten ein Dankeschön Ihrer Wahl gratis!
- Kein Risiko: nach 4 Ausgaben jederzeit kündbar!
- Geld-zurück-Garantie für bezahlte, aber nicht gelieferte Hefte!
- Nachbestellrecht: Frühere Ausgaben sind für Sie reserviert!

Festungen

Auf eine Umwelt voll mörderischer Zumutungen haben eingerichtet – und bieten sogar vielen Tieren Wohnun

Wie sämtliche Kakteen speichert auch der Saguaro in seinem Körper Wasser. Doch kaum eine andere Art erreicht die Kapazität dieser Dornenpflanze, die in der Sonora – im Grenzgebiet von Mexiko und den USA – heimisch ist: Mehrere tausend Liter saugt der bis zu 15 Meter hohe grüne Riese nach einem Regenguss aus dem Boden
Text: Jörn Auf dem Kampe
des Lebens
ich Kakteen wie die Saguaros in der Wüste Sonora
ränke und Speisekammer

Am Nachmittag des 21. Juni 2005 verfinstert sich der Himmel über der Sonora. Dann jagt Blitz auf Blitz herab, aber kein Tropfen Wasser fällt aus den dunklen Wolken. Bald züngeln da und dort Flammen empor. Denn nach ungewöhnlich starken Regenfällen Monate zuvor haben sich Gräser und Büsche hier am nordöstlichen Rand der Sonora-Wüste, im „Tonto National Forest“ – einem Naturpark nahe Phoenix, der Hauptstadt von Arizona –, mächtig ausgebreitet und sind dann wieder in der Sonnenhitze verdorrt.

Inzwischen lodert das Feuer an zahlreichen Stellen. Der Biologe Todd Willard lenkt seinen Geländewagen den fast 1600 Meter hohen Humboldt Mountain hinauf, um von dort oben die Situation einzuschätzen.

Er sieht, wie sich Feuersäulen die Hänge hinunterfressen, von Norden nach Süden, gegen den Wind. Willard fährt zurück zu seiner Dienststelle, ruft die Kollegen zusammen und organisiert mit ihnen den Widerstand gegen das drohende feurige Inferno.

Es wurde der größte Buschbrand in der Sonora seit Menschengedenken. Fast vier Wochen lang kämpften Feuerwehrleute gegen die Flammen, schlugen mit Bulldozern Schneisen in die Vegetation, warfen aus Flugzeugen Löschpulver.

Die Feuersbrunst sprang über einen Highway und verheerte mit gut 1000 Quadratkilometern eine Fläche größer als Berlin. Sie vernichtete zahllose Organismen, selbst so zähe wie die Saguaro-Kakteen.

Diese stacheligen Riesen mit ihrer an der Spitze gerundeten Säulenform, der mit Dornen bewehrten grünlichen, ledrigen Haut und ihren wie zum Gruß erhobenen Armen sind zu Wahrzeichen des US-Bundesstaats Arizona geworden.

Ihr Abbild dekoriert Autonummernschilder, und in vielen Westernfilmen bilden sie die karge Kulisse. *Carnegiea gigantea*, benannt nach dem schottischen Stahlbaron und Forschungsmäzen Andrew Carnegie, wird vermutlich bis zu 300 Jahre alt, rund 15 Meter hoch und damit gewaltiger als die meisten anderen Kakteenarten. Wo Saguaros – sprich „Sa-wah-rohs“ – dicht an dicht stehen, wirken sie wie ein Wald, wenn auch ohne Kronendach und Blätterrauschen, und verleihen so der Sonora etwas Dreidimensionales.

Zwei Jahre nach der Katastrophe sind von ihnen im Tonto National Forest weithin nur verkohlte Stümpfe geblieben und teilweise noch die hellen, holzartigen Fasern, welche die Pflanze wie ein Innenskelett stützen.

Auf dem steinigen Boden darunter liegen verbrannte Kakteenarme. Immerhin wurden nicht alle Saguaros vom Feuer versehrt. Denn es hat sich nicht in geschlossener Front über die Hänge gewälzt, sondern in separaten Herden vorangearbeitet, und so sind manche Areale verschont geblieben.

„Ein derart großer Buschbrand ist zwar nicht normal in der Sonora“, sagt Willard, als er den Jeep über eine hol-

Wie ein Säulenwald ragen die Saguaros in der Sonora empor, die zu den grünsten Wüsten der Erde zählt. Dennoch sind die Bedingungen für Kakteen harsch: Von den 100 000 Samenkörnchen, die ein Saguaro mithilfe von Vögeln oder Säugetieren pro Jahr ausbreitet, überleben nur zwei – am ehesten im Schatten einer »Ammenpflanze«, die den Spross vor der Sonne beschirmt

Die Vögel der Sonora schätzen die Saguaros als sichere Aufzuchtstation: In und auf den Kakteen legen Zaunkönige, Falken, Tauben oder wie hier Uhus Nester an, die – von Dornen versperrt und mehrere Meter über dem Boden – kaum ein Räuber erreicht

Der Gila-Specht baut seine Nisthöhle im Saguaro-Stamm. Der Nachwuchs ist in dessen Innerem vor der Hitze gut geschützt

Die ersten Kakteen kamen vermutlich mit Kolumbus nach Europa – und galten als Wunder

perige Piste steuert, die sich zwischen den Hügeln des Tonto National Forest windet. „Aber er kann immer wieder ausbrechen. Und die Saguaros sind darauf nicht vorbereitet." Willard und seine Kollegen haben daher ein Forschungsprogramm initiiert und unterschiedlich große Jungkakteen angepflanzt. Sie wollen lernen, welche von ihnen am besten gedeihen, wie also künftige Brandverluste auszugleichen sind.

Doch auch der Mensch hat einen Anteil daran, dass der Bestand der Giganten schrumpft. Mitunter, erzählt Willard, werden sie einfach mit Macheten abgehackt oder von Revolver- und Gewehrkugeln durchlöchert.

Und weil die Saguaros begehrte Sammlertrophäen sind, kommen in der Nacht Kakteenräuber, graben die tonnenschweren Stachelpflanzen aus und laden sie per Kran auf einen Pick-up, um sie oft für Tausende von Dollars auf dem Schwarzmarkt zu verhökern. Noch schlimmer aber ist, dass sich die Sonora-Metropolen Phoenix und Tucson immer weiter in die Wüste ausdehnen und so den Lebensraum der Saguaros verkleinern.

Eine Blüte der Saguaros entfaltet sich stets abends und bleibt dann nur für 24 Stunden geöffnet. Nektar- und Pollenfresser wie diese Weißflügeltaube tragen ihre Samen weiter

Mancherorts drohen die stacheligen Hühnen nun zur Rarität zu werden. Denn auch ohne Feuersbrünste und den Eingriff des Menschen haben sie in der Sonora unablässig zu kämpfen: mit Temperaturen um die 50 Grad Celsius, dem Bombardement aggressiver UV-Strahlen tagsüber und gelegentlichen Frösten in der Nacht. Meist regnet es nur zweimal im Jahr, doch dann spülen die Fluten häufig das lose Erdreich fort.

Deshalb überlebt nur ein Bruchteil der jungen Saguaros ihr erstes Jahr – und es dauert mindestens eine ganze Menschengeneration, bis die Kakteen meterhoch gewachsen sind. Haben sie jedoch eine Höhe von zwei bis drei Metern erreicht, können starke Winde sie umstürzen oder Blitze sie enthaupten.

Der Saguaro gehört zur Familie der Cactaceae, der Kakteengewächse. Deren mehr als 2000 Arten sind in Amerika heimisch, rund 100 davon in der Sonora. Von British Columbia in Kanada bis nach Patagonien im Süden des Doppelkontinents haben sie sich ausgebreitet und selbst die Galápagos-Inseln besiedelt.

Als einzige nicht amerikanische Spezies gilt *Rhipsalis baccifera*, ein vielarmiger Kaktus, der auf Bäumen auf dem

Die Kugelform mancher Kakteen weist im Verhältnis zum Volumen wenig Oberfläche auf, über die Wasser verdunsten könnte

Als ovale Blätter sind die Triebe dieses Feigenkaktus gestaltet. Der Formenreichtum der Dornenpflanzen ist eine Folge ihrer Spezialisierung: Während sich die Gewächse unterschiedlichsten Lebensräumen anpassten, haben sie eine Fülle an Wuchsvarianten entwickelt

Das Feuer versengte auch den »Grand One«, einen der gewaltigsten Saguaros der Erde

afrikanischen Festland, Madagaskar, Sri Lanka und einigen Inseln im Indischen Ozean gedeiht. Womöglich sind seine Samen einst im Gefieder von Vögeln über den Atlantik dorthin gelangt.

Vermutlich war es Christoph Kolumbus, der die ersten Kakteen nach Europa brachte, jedenfalls führte er sie um 1535 am spanischen Hof als botanisches Wunder vor. Gut 200 Jahre später fasste der Schwede Carl von Linné die meist mit **Dornen*** besetzten Gewächse zusammen und benannte sie „Cactus".

Von einheitlicher Gestalt sind sie jedoch keineswegs. Sie recken sich wie Pfeiler empor, formen große Kugeln, schlängeln sich auf der Erde, leben als Aufsitzerpflanzen (**Epiphyten**), haben Stämme und blätterartige Auswüchse, bilden ein Gestrüpp aus Tausenden von Ärmchen oder bedecken polsterartig den Boden. Und ihr Größenspektrum reicht von ein Zentimeter kleinen bis zu 100 Meter langen Spezies, die wie Lianen an Bäumen ranken.

In ihrer wahrscheinlich mehr als 65 Millionen Jahre langen Entwicklungsgeschichte sind die Kakteen in fast jede denkbare ökologische Nische auf dem amerikanischen Doppelkontinent vorgestoßen. Heute gedeihen sie an windumtosten Küsten, in eisigen Gebirgen bis in 4000 Meter Höhe oder in feuchtheißen Regenwäldern des Südens. Besonders häufig aber sind Kakteen in den Wüsten Amerikas anzutreffen.

Dort erweisen sich ihre Dornen als überaus nützlich. Im Laufe der Evolution aus Blättern entstanden, mildern sie den schädlichen Effekt der Sonneneinstrahlung: Zum einen reflektieren sie die Strahlen, zum anderen schaffen sie eine Grenzschicht um die Kakteen, in der die Luftbewegung geringer ist, und mindern dadurch die Verdunstungsrate.

Dabei hilft auch eine dicke Wachsschicht, die Wüstenkakteen überzieht, und zudem haben sie die für ihre **Photosynthese** notwendige Gasaufnahme umgestellt: Sie öffnen die dafür eingerichteten Spalten auf ihren Blättern nur nachts, wenn es kühler ist und sie weniger Wasser verlieren. Das aufgenommene Kohlendioxid speichern sie, um es am Tage mithilfe von Sonnenlicht in den lebensnotwendigen Zucker umzuwandeln – anders als die meisten Pflanzen in feuchteren Regionen, die tagsüber zur selben Zeit Kohlendioxid aufnehmen und Zucker herstellen.

Zudem trocknen Kakteen wie die Saguaros immer zunächst innen aus, während die äußeren Zellschichten mit Flüssigkeit gefüllt und intakt bleiben, damit die Photosynthese weiterlaufen kann.

Die Flachwurzeln der Wüstenkakteen sind weit verzweigt, sodass sie, wenn es einmal regnet, rasch Wasser aufnehmen können. Größere Saguaros saugen in wenigen Tagen viele tausend Liter auf – und verdoppeln so nahezu ihr Volumen. Dank ihrer Längsrippen platzen sie dabei nicht, denn die weiten sich wie die Falten einer Ziehharmonika.

Aufgenommenes Wasser können Kakteen für Zeiten der Not speichern, sie gelten deshalb als **Sukkulenten**, als Saftpflanzen (siehe auch Seite 36). Im Gewe-

* Blau hervorgehobene Begriffe werden im Glossar ab Seite 150 näher erklärt.

Zu ansehnlichen Bäumen wachsen manche Spezies heran, wie diese bis zu sechs Meter hohe Art auf den Galápagos-Inseln. Doch zur Kakteenfamilie gehören noch ungewöhnlichere Vertreter: solche etwa, die als Aufsitzerpflanzen auf anderen Bäumen leben

be zwischen dem stützenden Gerüst und der Außenhaut lagern etwa Saguaros die Flüssigkeit wie in einem Reservekanister. Prall gefüllt, besteht so ein Stachelriese zu etwa 95 Prozent aus Wasser und kann dann zwei Jahre ohne Nachtanken überdauern.

Das macht ihn aber auch zu einer verlässlichen Ressource für die Tiere der Sonora. Nachdem die Saguaros im Frühling ihre weißen Blüten ausgetrieben und sich Bienen, Fledermäuse, Spechte oder Tauben an Nektar und Pollen bedient haben, reifen leuchtend rote Früchte heran, deren Fleisch zu drei Vierteln aus Wasser besteht. Vögel nutzen die Kakteen als Nahrung und Trinkwasserquelle; Tauben, Goldfinken oder Eulen sind in der heißesten Jahreszeit von den Saguaros abhängig.

Um diesen pünktlich wiederkehrenden Reichtum zu nutzen, ziehen viele Tiere gerade in der anscheinend widrigsten Saison in die Sonora – auch Kojoten und Füchse, die herabgefallene Früchte verzehren. Ratten nagen, vermuten Forscher, auf der Suche nach Wasser große Löcher in den Stamm und bringen den Kaktus dazu, sie mit Gewebeflüssigkeit zu versiegeln.

Manchen Tieren bietet der Saguaro einen speziellen Lebensraum: Spechte hacken Höhlen in den Kaktus, um in dessen Innerem zu brüten – denn dort ist es im Sommer zehn Grad kühler als draußen. Ist die Brut dann flügge geworden, ziehen meist Nachmieter ein. Und geht ein Saguaro ein, so wird er sofort von Kaktusfliegen besiedelt, die ihren gesamten Lebenszyklus in dem verrottenden Körper konzentrieren.

Ein Jahr nach dem großen Feuer haben Todd Willard und seine Kollegen rund 300 Saguaros gepflanzt. „Wir wissen noch nicht, ob der Nachwuchs durchkommt“, sagt der Biologe, während er den Wagen am Fuß eines Hügels abstellt und sich zu einem Kontrollgang in eines der beiden Aufforstungsgebiete aufmacht – die Südhänge zweier Hügel, wo die Kakteen am besten gedeihen.

Die Setzlinge wurden unter Sträuchern oder Büschen gepflanzt, damit sie im Schutz eines Blätterdachs heranwachsen können – zudem in der gleichen Ausrichtung, wie sie in der Gärtnerei entnommen worden waren. Denn offensichtlich können die Saguaros sich die Himmelsrichtung „merken“, indem sie sich am Stand der Sonne orientieren. Und um ihnen den Start zu erleichtern, wurden die Jungpflanzen sogar gewässert.

„Das Exemplar dort wird an der Spitze leider schon rot“, erläutert Willard hoch oben am Hang und deutet auf einen noch nicht 20 Zentimeter großen Kaktus. „Das könnte ein Hinweis auf Stress sein.“ Andere Saguaros weisen ebenfalls diese Färbung auf, doch helfen vermag ihnen der Biologe nicht. Er könnte die Pflanzen zwar erneut bewässern, doch das Leitungswasser vertragen sie offenbar nicht besonders gut.

Willard fährt zu einem anderen Patienten – dem einzigen erwachsenen Kaktus, den er und sein Team speziell behandeln: Es ist der „Grand One“, einer der mächtigsten Saguaros der Sonora. Auch diesen 15 Meter hohen und mit mehr als 20 Armen versehenen Koloss haben die Flammen versengt. Und nach dem Feuer kam der Regen und schwemmte das Erdreich zu seinen Füßen davon.

Die Biologen haben rund um den Kaktus Pflanzerde aufgeschüttet, eine Vorrichtung aus Netzen und Stroh gebastelt, die zukünftige Regenfluten ableiten soll, und Samen ausgebracht, auf dass wieder Gräser und Büsche gedeihen, die das Erdreich stabilisieren.

Der „Grand One“, ein Symbol des Tonto National Forest, sollte überleben – unbedingt. Doch den Brandverletzungen war auch dieser Riese, geplagt von einem langen harten Wüstenleben, letzten Endes nicht gewachsen.

Nur wenige Wochen nach der Hilfsaktion der Biologen brach einer seiner vier stärksten Arme ab, und dann – wenige Tage vor Redaktionsschluss dieses Heftes – sank er entkräftet vollends um. □

MEMO | KAKTEEN

››› **KAKTEEN BESIEDELN** Gebirgszüge und Wüsten, aber auch Regenwälder.

››› **IN DER KÜHLE** der Nacht, wenn sie wenig Flüssigkeit verlieren, nehmen Kakteen das nötige Kohlendioxid auf.

››› **WELTWEIT** existieren rund 2000 Arten, die bis auf eine einzige in Amerika heimisch sind.

››› **DAS GRÖSSENSPEKTRUM** der Kakteen reicht von kaum einem Zentimeter bis 100 Meter Länge.

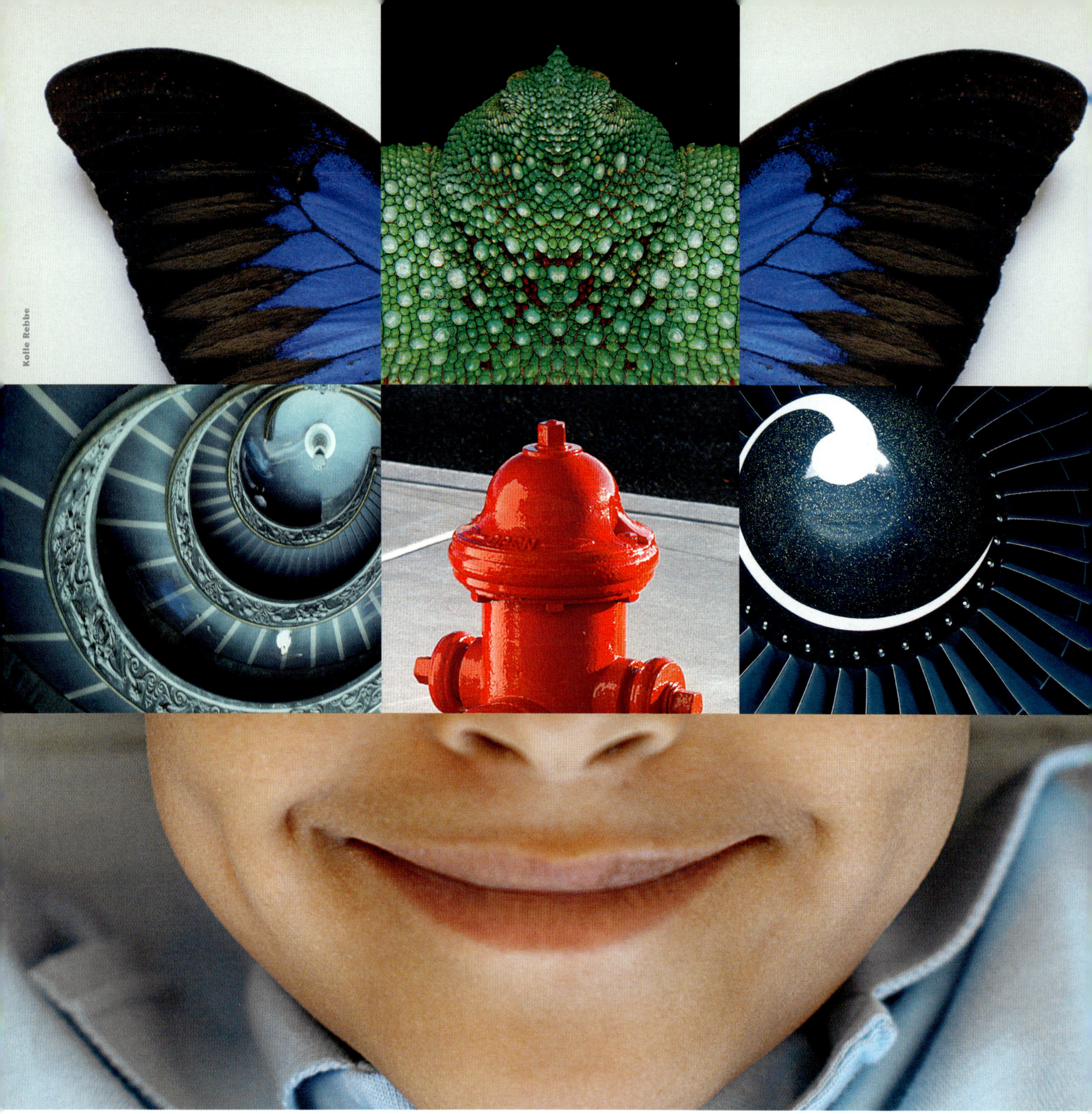
Kolle Rebbe

Der große grüne Irrtum

Kornkammer Saudi-Arabiens: Mehr als 50 Fußballplätze groß ist jedes dieser runden Felder in der Wüste. Berieselt von rotierenden Sprinklern, g

Es war ein Traum: Bewässert die Wüste, und sie wird sich in ein Land mit saftigen Feldern und blühenden Dörfern verwandeln. Es wurde ein Albtraum: Die Brunnen versiegen, die Böden versalzen, die Felder verdorren, und die Menschen verlassen die trockenen Oasen. Die zurückgekehrte Wüste holt sie ein – weit schneller, als sie flüchten können

deiht hier vor allem Getreide. Doch diese Bewässerungsmethode lässt einen großen Teil des Wassers verdunsten, ehe es die Wurzeln erreicht

Text: Jürgen Bischoff

Feiner Staub liegt in der Luft, und über der flachen Landschaft flimmert die Hitze des Tages. 40 Grad Celsius zeigt das Thermometer an. Schattentemperatur in Bahardok, so man hier von Schatten sprechen mag. Denn in diesem Dorf, knapp 100 Kilometer nördlich der turkmenischen Hauptstadt Aschgabat, gibt es für die rund 3000 Einwohner keine kühlenden Parks, kaum schattige Baumgruppen. Nur niedrige, hellbraune Lehmziegelbauten; dazu einige Jurten und ein paar rostige Wasserspeicher – alles straßenlos in die Ebene gewürfelt.

Und es gibt den Wüstensand.

Der Sand ist in Bahardok zugleich Kulisse und Hauptdarsteller. Er lagert, zu goldgelben Dünen aufgetürmt, an den Rändern des Dorfes. Kommt Wind auf, weht er von dort bis vor die Häuser, lässt sich in Gärten nieder und erstickt die Pflanzen. Er belagert beharrlich die Haustüren, dringt irgendwann durch Ritzen und Fenster, nimmt die Wohnräume in Besitz und vertreibt daraus die Menschen.

Mitunter versperrt er auch die Zugänge zum Krankenhaus – bis Traktoren ihn wieder dorthin transportieren, woher er gekommen ist: in die Karakum-Wüste.

Auf dem kargen Grün vor den Dünen von Khongoryn Els in der Gobi weiden Schafe und Ziegen. Sie verbeißen die Pflanzen oft so stark, dass diese absterben – und der sandige Boden jeden Halt verliert

Mehr als 12 000 Kilometer weiter westlich fließt träge der San Joaquin River durchs Central Valley, das grüne Herz Kaliforniens. Auf Tausenden von Quadratkilometern dehnen sich hier Obst- und Gemüseplantagen – jedes zweite Stück Gemüse, das in den USA verkauft wird, entstammt der Ebene zwischen Küstengebirge und Sierra Nevada. Ein 24 150 Kilometer langes Netz aus Bewässerungskanälen, zumeist aus dem Untergrund aufgefüllt, liefert das nötige Wasser.

Denn eigentlich ist das Tal eine regenarme **Halbwüste***, eine Savannenlandschaft, bewachsen mit Grasbüscheln und Eichenwäldchen. So sah das Central Valley auch aus – bis Farmer in den 1920er Jahren scheinbar unerschöpfliche Grundwasservorkommen entdeckten: Sie erstrecken sich fast unter dem gesamten mehr als 600 Kilometer langen Tal. Fortan machte künstliche Bewässerung aus dem Central Valley eine der prosperierendsten Agrarlandschaften der Erde.

Doch inzwischen wird in der Gemüsekammer Amerikas das Grundwasser knapp. Über mindestens 160 Kilometer führt der San Joaquin River im Sommer kein Wasser mehr; ein Staudamm am Oberlauf leitet es in die Bewässerungskanäle. Da aber ein Großteil des kostbaren Gutes oberirdisch verdunstet, bleiben die im Wasser gelösten Mineralstoffe als Salze im Boden zurück. Allein im Südwesten des Central Valley sind bereits mehr als 45 000 Hektar ehemals bewässerter Flächen heute versalztes, vertrocknetes, ödes Land.

Langsam, aber unaufhaltsam ist auf den Feldern des Central Valley die Dürre wieder im Vormarsch.

Wie unterschiedlich sie auch sein mögen, das arme, trockene turkmenische Bahardok und das reiche, grüne Central Valley in den USA – eines verbindet sie: Schuld an der schleichenden Misere in diesen beiden Ecken der Welt ist der Mensch.

Im Central Valley führt der Raubbau an den natürlichen Wasservorräten – jede der über 170 Pumpstationen im Tal fördert pro Minute im Durchschnitt mehr als 3600 Liter Wasser aus der Tiefe – zur Austrocknung und Versalzung ganzer Landstriche. Und in der Karakum-Wüste hat die Ansiedlung von Nomaden in Dörfern wie Bahardok und die damit verbundene stationäre Viehzucht das Vordringen der Wüste begünstigt: Seit Turkmenistan 1991 unabhängig geworden ist, hat die staatliche Privatisierungspolitik den Viehbestand des Landes auf mehr als 20 Millionen Tiere anwachsen lassen – Weideland gibt es aber nur für etwa die Hälfte.

Auch in Bahardok leben die Menschen überwiegend von der Viehwirtschaft. Früher waren die heutigen Dorfbewohner mit ihren Herden herumgezogen und hatten so dem Bewuchs der beweideten Flächen die Regeneration ermöglicht. Jetzt aber treiben sie jeden Morgen ihre Schafe, Ziegen und Kamele vors Dorf auf immer dieselben Weiden.

* Blau hervorgehobene Begriffe werden im Glossar ab Seite 150 näher erklärt.

Dabei haben sie – anfangs kaum erkennbar – eine Lawine in Gang gesetzt: Die zu stark und zu häufig beweideten Pflanzen wachsen nicht mehr schnell genug nach und sterben ab. Ihre Wurzeln geben der Krume keinen Halt mehr, und die einst grasbewachsene Landschaft wandelt sich zu einer öden Sandfläche.

Fast überall in den trockenen und halbtrockenen Gebieten der Erde bietet sich ein ähnliches Bild: Der Mensch betreibt in großem Maße Ackerbau, wo von Natur her nur widerstandsfähige Gräser und dornige Büsche gedeihen. Er holzt die spärlichen Baumbestände ab, weil er Brennholz braucht. Er errichtet mitten in der Wüste Industrieanlagen und Städte und leert zu deren Versorgung jahrtausendealte Grundwasserreserven. Und in den Randgebieten der Wüsten laugt intensive Land- und Viehwirtschaft die Böden aus.

Salzwasser, das tröpfchenweise die Schläuche verlässt, bewässert dieses Zwiebelfeld in der israelischen Negev-Wüste. Die Methode schont die Süßwasserreserven – der Boden aber versalzt

Die Folge ist Landverödung in großem Stil: Wüsten breiten sich weiter aus und fressen noch das letzte Stückchen Grün. Wasser wird Mangelgut, der Boden unfruchtbar, und in halbtrockenen Gebieten verwandelt sich Acker- und Weideland, selbst von Menschen nicht direkt genutzte Flächen, in staubige, steinige Ödnis. Aus Bauern werden Bittsteller in den Camps der Hilfsorganisationen. Oder Flüchtlinge.

So weltumspannend ist das Problem inzwischen, dass im Juni 2007 die Vereinten Nationen zum wiederholten Male Alarm schlugen: **Desertifikation** sei „eine der größten ökologischen Herausforderungen unserer Zeit". Sie werde vor allem in den armen Regionen der Erde „die Destabilisierung der Gesellschaften" zur Folge haben.

Schon heute sind nach Berechnungen der Uno etwa 250 Millionen Menschen von den Auswirkungen der Landverödung direkt betroffen, eine weitere Milliarde lebt in gefährdeten Gebieten. Jedes Jahr verliert die Erde schätzungsweise rund 24 Milliarden Tonnen fruchtbaren Bodens. Am stärksten werden Afrika und China unter der „Verwüstung" der Lebensräume leiden; allein für Afrika erwarten Experten bis 2025 einen Verlust von zwei Dritteln aller landwirtschaftlichen Nutzflächen.

Schon bald könnte Landverödung rund **50 Millionen** Menschen in die Flucht treiben

Es ist ein sich selbst verstärkender Prozess: Denn wo die Pflanzendecke schrumpft, wo Wälder verschwinden, nehmen auch die Regenfälle ab, weil das Wasser oberflächlich abfließt und weniger Feuchtigkeit verdunstet. Die Folgen der allgemeinen Erderwärmung – häufigere Dürrezeiten und heftigere Unwetter – verschärfen auch dieses Problem.

Während der kommenden zehn Jahre werden, so die jüngsten Experten-Schätzungen, rund 50 Millionen Menschen aus den regenarmen Regionen der Erde ihre Heimat verlassen müssen, weil das Land sie nicht mehr ernährt. Gelingt es nicht, die Desertifikation aufzuhalten, werden sie dauerhaft zu „environmental refugees", zu Umweltflüchtlingen.

1996 trat die „Konvention der Vereinten Nationen zur Bekämpfung der Desertifikation" (UNCCD) in Kraft, eine späte Reaktion auf die großen Dürren in Afrika in den 1970er Jahren. Denn dort zeigte sich eindeutig, dass auch der Mensch Anteil am Ausmaß dieser Katastrophen hatte: Überbeanspruchung durch Land- und Viehwirtschaft hatte ökologisch sensiblen Gebieten etwa in der Sahel-Zone alle Reserven genommen, mit denen sie zuvor den klimatischen Extremen widerstehen konnten.

Die Entwicklungsländer, die diese Konvention unterzeichnet haben, verpflichten sich damit, Boden, Wasser und Vegetation schonend und nachhaltig zu nutzen, um deren weitere Zerstörung zu bremsen und so die Versorgung der in diesen Gebieten lebenden Menschen mit Nahrungsmitteln

Reisfelder nahe dem San Joaquin River in Kaliforniens Central Valley. Mehr als 24 000 Kilometer Kanäle haben aus der früheren Halbwüste die Obst- und Gemüsekammer der USA gemacht

auf Dauer zu sichern. Die Industrienationen sollen diesen Staaten helfen, jene Ziele zu erreichen – finanziell und mit Know-how. Denn manchmal genügen schon einfache Ideen, um der „Verwüstung" Widerstand zu leisten.

Wie in Bahardok. Dort organisierte die deutsche Gesellschaft für Technische Zusammenarbeit gemeinsam mit turkmenischen Wissenschaftlern vor zehn Jahren erste Zusammenkünfte mit der örtlichen Bevölkerung. Anfangs waren die Dörfler skeptisch, doch dann trugen sie auf den Gemeindeversammlungen ihre Sorgen vor: Der Sand begrabe alles, was sie aufgebaut hätten; zudem fehle es an Wasser, das für viel Geld aus der Hauptstadt hergeleitet werden müsse.

Man beratschlagte, was zu tun sei. Ein Mullah erinnerte sich: Unweit des Dorfes läge – vergessen und vom Sand verschüttet – eine uralte Wassersammelstelle. Also beschlossen die Bewohner von Bahardok, den Kanal zu reinigen, der bei Regen das Wasser auffängt, und eine Senke als Wasserspeicher auszuheben. Die angereisten Experten zeigten, wie das Gelände eingefriedet und mit Saksaul-Bäumen bepflanzt werden müsse, um die Dünen aufzuhalten. Saksaul ist ein knorriger, in weiten Teilen Asiens heimischer Wüstenstrauch, der bis zu vier Meter hoch werden kann. Er verträgt Trockenheit und Hitze, und seine Wurzeln senken sich bis in tief liegende Grundwasserreservoire hinab.

Bald schon war das ganze Dorf von einem Schutzring aus Saksaul umgeben. Einige Bewohner begannen, ihre Gärten mit Sträuchern und Ried zu sichern, und zwischen Krankenhaus und Dünen wächst jetzt ein Saksaul-Wäldchen: Die Menschen von Bahardok haben den Vormarsch der Wüste vorerst gestoppt. Jetzt wollen die Experten sie überzeugen, auch den Viehbestand zu begrenzen, wenigstens aber die Weideflächen häufiger zu wechseln, damit sich die Vegetation erholt.

Auch in anderen Regionen setzen die Wissenschaftler auf die betroffenen Menschen. So im malischen Sagala, einem Dorf in der Sahel-Zone. Die Bauern arbeiten hart, um der Erde ihre Ernten abzuringen. Und weil der Bedarf an Nahrungsmitteln wächst, müssen weitere Felder angelegt werden.

Gleichzeitig aber ziehen immer mehr Nomaden mit ihren Herden durch das Gebiet. Da andernorts die Brunnen versiegt sind, haben sie ihre Wanderrouten nach Süden verlegt. „Immer wieder gab es Streit zwischen Bauern und Nomaden, weil die Nomaden ihre Tiere einfach auf den Feldern weiden lassen", berichtet Abba Coulibaly, der Bürgermeister von Sagala. „Ernten sind zerstört worden, es gab Kämpfe deswegen und sogar Tote."

Mithilfe deutscher Entwicklungsexperten ist es gelungen, Dorfbewohner und Nomaden an einen Tisch zu holen. Gemeinsam erarbeiteten sie einen Nutzungsplan, der dem Ackerbau ebenso Zonen reserviert wie dem Vieh. Vor allem aber spendieren die Helfer einen Radiosender – batteriegetrieben und untergebracht in der früheren Krankenstation. Er informiert über die jeweilige Feldnutzung.

„Die Hirten haben zu den Feldern einen Abstand von einem Kilometer zu halten", erklärt Bürgermeister Coulibaly, „wer näher kommt, muss Strafe zahlen." Die Nomaden hören nun „Radio Bellen", wenn sie in der Nähe sind, und die Bauern nehmen ihre Geräte mit auf die Felder. Seither herrscht Frieden in Sagala, und der Ernteertrag hat sich erhöht.

Doch nicht nur wachsender Bevölkerungsdruck und Übernutzung fördern die Bodenzerstörung. Eine weitere Ursache für das Fortschreiten der Landverödung in den Trockenzonen ist ausgerechnet der Versuch, Wüste in Ackerland zu

Die Menschen in **Nordafrika** entnehmen dem Untergrund dreimal mehr Wasser, als durch Regen nachfließt

verwandeln: Die große Vision aus dem 20. Jahrhundert, dass sich die Nahrungsprobleme der Menschheit lösen ließen, wenn es nur gelänge, aus den Wüsten der Erde durch Zugabe von Wasser blühende Landschaften zu machen, hat sich als folgenschwerer Irrtum herausgestellt. Überall dort, wo der Mensch einst begonnen hat, Wüsten zu „begrünen", kämpft er heute gegen Bodenversalzung und Austrocknung.

„In der Wüste großflächig Landwirtschaft zu betreiben", sagt der Berliner Geologe Eberhard Klitzsch, „beschleunigt nur die Austrocknung und geht zu Lasten zukünftiger Generationen." Klitzsch hat seit den 1960er Jahren die geologischen Großstrukturen und die Wasserressourcen im Sahara-Untergrund erforscht – im Auftrag von Erdölfirmen, von Regierungen und als unabhängiger Wissenschaftler. Kaum ein Experte kennt die Tiefen der Sahara besser als er.

„Durch die Ausbeutung der fossilen Grundwasserreservoire sind viele Brunnen bereits versiegt", sagt Klitzsch. „Das oberflächennahe Grundwasser, das die meisten Oasen speist, ist zum großen Teil abgeschöpft. Oft kommen nicht einmal mehr die Dattelpalmen an die wasserführenden Schichten." Und die Wurzeln dieser typischen Oasenbäume reichen immerhin bis zu zehn Meter hinab.

Klitzschs Beobachtungen werden durch neuere Untersuchungen bestätigt. Unter der Sahara liegen drei gewaltige, uralte Grundwasservorkommen: Der Regen, der sie füllte, fiel zu Zeiten, als Teile der heutigen Vollwüste noch von Savannen bedeckt waren (siehe Seite 24). Eines dieser Reservoire ist das Nordwestsahara-Becken – ein System wasserführender

Aus mobilen Sprühmaschinen regnet mineralhaltiges Grundwasser auf ein Baumwollfeld in Kalifornien. Infolge des Intensivanbaus sind schon ganze Landstriche versalzt

Gesteinsschichten, das auf einer Fläche von einer Million Quadratkilometern etwa 60 Billionen Kubikmeter Wasser enthält. Es erstreckt sich unter den Staaten Tunesien, Libyen und Algerien. Die sich daraus nach Kräften bedienen. 8800 Brunnen fördern derzeit mehr als 2,5 Milliarden Kubikmeter Wasser pro Jahr: als Trinkwasser, für den Tourismus und die

Zwei Welten in Namibia: Intensive Beweidung ließ den Bewuchs auf der linken Seite des Zaunes fast völlig verschwinden. Rechts dagegen hatten die Pflanzen Zeit zur Erholung

Ölindustrie – vor allem aber, um damit rund 200 000 Hektar zu Ackerland gemachter Wüstenfläche zu bewässern.

Aber vor kurzem ergab eine Studie, dass übers Jahr die Vorräte im Nordwestsahara-Becken nur mit etwa einer Milliarde Kubikmeter Niederschlagswasser ergänzt werden: Die drei Maghreb-Staaten entnehmen also fast dreimal mehr Wasser als nachfließt – Tendenz steigend.

Hochrechnungen zufolge wird selbst dann, wenn nicht mehr Wasser als im Jahr 2000 gefördert würde, der Grundwasserspiegel bis 2050 um 30 Meter gegenüber heute absinken. In Tunesien und Algerien werden natürliche Quellen, so die Autoren der Studie, „vollständig verschwinden" und das Risiko zunehmen, dass die Wasserressourcen in der Nähe von Salzseen durch eindringendes Salzwasser „für den Verzehr ungenießbar und für die Bewässerung ungeeignet sind".

Auch großen Oasenstädten wie dem algerischen Biskra, wo 190 000 Einwohner von der Landwirtschaft abhängig sind, droht ein dramatisches Absinken des Grundwasserspiegels – was neue, immer teurere Tiefbohrungen notwendig mache. „Die Pumpkosten", so die Studie, „treiben die Kosten für die Landwirtschaft nach oben" – und erschweren schließlich den Absatz von deren Erzeugnissen.

In Saudi-Arabien ist schon seit Jahren abzulesen, was geschieht, wenn ein Wüstenstaat versucht, um jeden Preis zum Agrarland zu werden: Auch dort gelang es nach der Entdeckung fossiler Grundwasservorräte zu Beginn der 1980er Jahre zunächst, die Wüste zum Blühen zu bringen. „Zwischen 1980 und 1993 wuchs die bewässerte Anbaufläche in Saudi-Arabien um 262 Prozent", schreibt der Wissenschaftler Elie Elhadj in einer Untersuchung über die Wasser- und Nahrungsversorgung des Landes. Doch das Projekt erwies sich als „Vergeudung von Geld und Wasser in großem Stil". Mit beidem kennt Elhadj sich aus: Vor seiner Laufbahn als Wissenschaftler machte er als Banker in New York und Riad Karriere.

Auf den neu gewonnenen Ackerflächen ließ das saudische Königshaus vornehmlich Weizen anbauen – mit dem Ergeb-

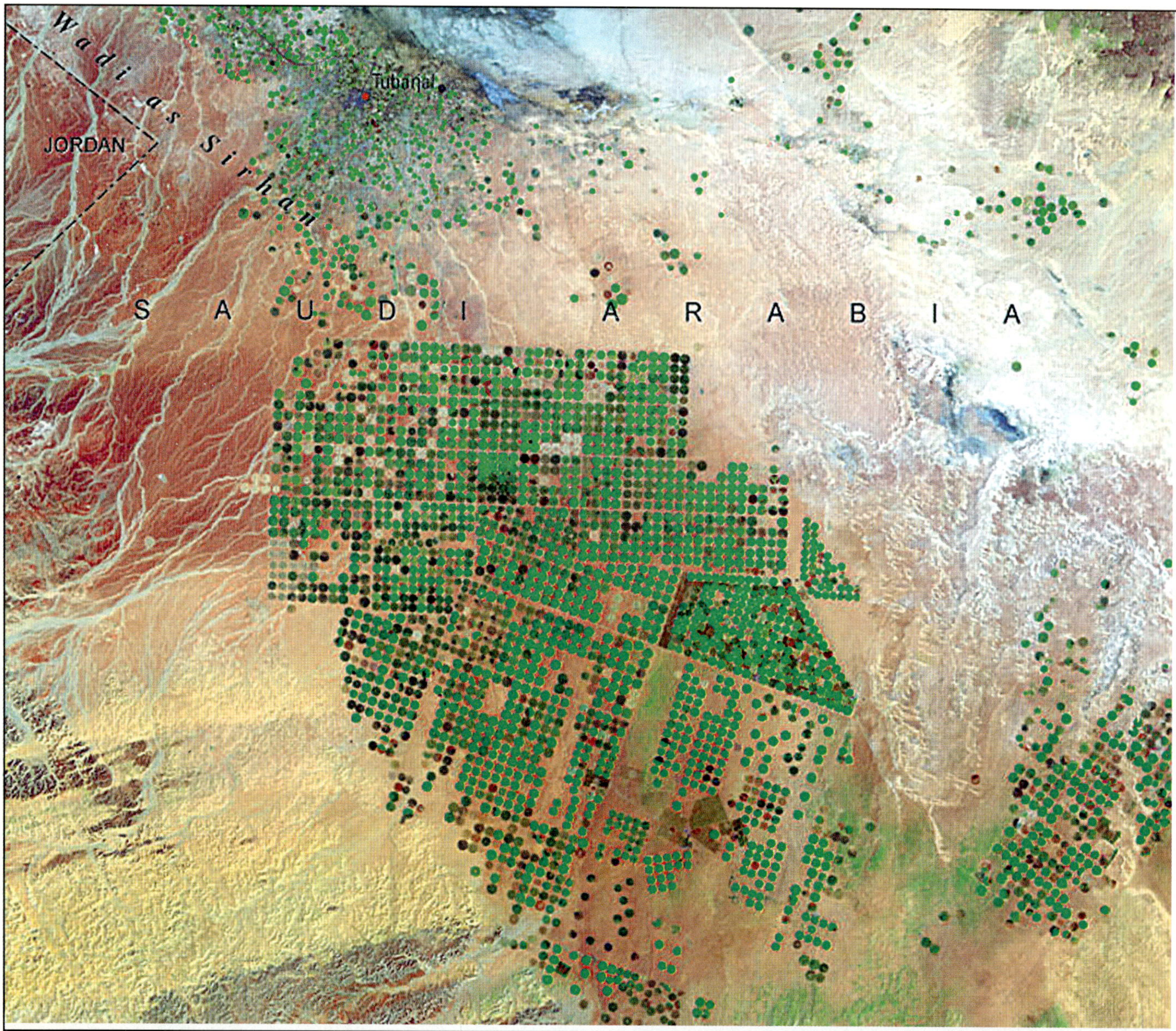

Intensiv bewässerte Felder im Norden Saudi-Arabiens auf einem Satellitenbild: Jedes hat einen Durchmesser von rund 700 Metern – bewachsene sind grün, braune abgeerntet oder frisch besät. Experten zufolge drohen nun die uralten Grundwasserreserven zu versiegen

nis, so Elhadj, dass dieses Ölland „zum sechstgrößten Weizenexporteur der Welt wurde". Allerdings beliefen sich die Produktionskosten pro Tonne auf rund 500 Dollar – während der Weltmarktpreis bei etwa 120 Dollar lag. Nach wenigen Jahren brach der Weizenboom in der Wüste zusammen.

Schon in den gemäßigten Klimazonen benötigt die Produktion einer Tonne Weizen etwa 1000 Tonnen Wasser, die einer Tonne Fleisch etwa 16 000 Tonnen. Im Wüstenklima aber wird deutlich mehr Wasser verbraucht. Elhadj: „Wer Nahrungsmittel exportiert, exportiert immer auch Wasser." Saudi-Arabien, eines der regenärmsten Länder der Erde, habe auf diese Weise zwischen 1997 und 2001 pro Jahr 2,5 Milliarden Kubikmeter „virtuelles Wasser" (wie es offiziell genannt wird) in Form von Fleisch, Früchten, Gemüse und Getreide außer Landes geschafft – genug, so Elhadj, „um die gesamte Bevölkerung in der gleichen Zeit mit Trink- und Brauchwasser zu versorgen". Seine Studie über die Wasservergeudung im saudischen Königreich trägt den Titel: „Kamele können nicht fliegen, Wüsten können nicht blühen."

Auch Israel verbraucht pro Jahr rund 220 Millionen Kubikmeter Wasser mehr, als die natürlichen Ressourcen liefern – Folge der intensiv betriebenen Landwirtschaft. Viele Erzeugnisse, Früchte vor allem, gehen in den Export. Und damit rund 700 Milliarden Kubikmeter virtuellen Wassers.

Während aber Israel mittels Brauchwasser-Recycling und Tröpfchenbewässerung die Grundwasservorräte zu schonen versucht, leitete Saudi-Arabien auch nach der Weizen-Pleite sein Grundwasser weiterhin auf die Felder; Elie Elhadj schätzt, dass bereits zwei Drittel der nicht erneuerbaren fossilen Reserven des Wüstenstaates verbraucht sind und der Rest noch für höchstens zwei bis drei Jahrzehnte reicht.

Anderswo setzt indessen ein Umdenken ein. Libyen, Algerien und Tunesien etwa wollen die Wasserentnahme aus dem Nordwestsahara-Becken gemeinsam in den Griff bekommen. Umweltsatelliten der Europäischen Weltraumorganisation liefern ihnen Daten über Bodenfeuchtigkeit, Vegetationsbedeckung, Ausdehnung der Seen und Wasserqualität in der Region. Weltweit suchen Forschungsinstitute nach Wegen, den spärlichen Regen in Trockenzonen möglichst vollständig zu nutzen, um trotz harscher Bedingungen ertragreiche Landwirtschaft betreiben zu können.

Dazu werden traditionelle Bewässerungssysteme, wie Wälle oder Mini-Staumauern auf den Feldern, mit modernen Techniken und neuen Erkenntnissen der Boden- und Pflanzenkunde kombiniert: beispielsweise der Aussaat von besonders für den Trockenanbau gezüchteter Getreidesorten und Anbaumethoden, die mit sparsamer Bewässerung und ohne den Einsatz von Pflügen auskommen.

All diese Ideen und Forschungsergebnisse werden jedoch buchstäblich versanden, wenn es nicht gelingt, auch die räumliche Ausdehnung der Wüsten auf Dauer zu stoppen. Etwa durch die Anpflanzung widerstandsfähiger Büsche und Bäume, die als Windbrecher dienen und die Sandmassen aufzuhalten vermögen.

Memo | Landverödung

››› **ETWA 250 MILLIONEN** Menschen sind derzeit von der Desertifikation betroffen.

››› **EIN LAND WIE ISRAEL** verbraucht pro Jahr rund 220 Millionen Kubikmeter Wasser mehr, als die natürlichen Ressourcen liefern.

››› **BIS 2050** wird der Grundwasserspiegel im Norden der Sahara gegenüber heute um 30 Meter sinken.

››› **FÜR DIE PRODUKTION** von einer Tonne Fleisch in der Wüste benötigt man mehr als 16 000 Tonnen Wasser.

In der Nacht vom 16. auf den 17. April 2006 senkte sich vom Himmel über Beijing plötzlich eine fahlgraue Wolke herab. Das Licht der Straßenlaternen versank in dichtem Nebel, der Verkehr kam vielerorts zum Erliegen: Mehr als 300 000 Tonnen Sand und Staub legten sich über die chinesische Hauptstadt – der schwerste Sandsturm seit fünf Jahren.

Der Sand stammt aus den mongolischen Wüsten und rückt seit einiger Zeit gegen Beijing vor. Bis auf etwa 240 Kilometer ist er bereits herangekommen. Jedes Jahr bedeckt er etwa 2500 Quadratkilometer mehr Gras- und Ackerland.

Schon 1978 hat China deshalb begonnen, einen Wall gegen die anstürmenden Staubwolken zu errichten: Die „Grüne Mauer" ist das vermutlich größte Aufforstungsprojekt der Menschheitsgeschichte. Auf einer Länge von 4500 Kilometern sind am Rand der chinesischen Wüsten riesige Schutzwälder angelegt worden. Von Flugzeugen aus hat man Samen gestreut, und wo der Boden zu hart war, haben Experten Löcher für die Baumwurzelballen gesprengt.

Doch die „Grüne Mauer" erwies sich gegenüber dem Sand als ebenso löchrig wie die Große Chinesische Mauer gegenüber den mongolischen Invasoren. So starben beispielsweise auf 1200 Kilometer Länge die frisch gepflanzten Bäume wieder ab – die hochgezüchteten High-Tech-Produkte hatten zu viel Wasser aufgenommen.

Inzwischen haben die Verantwortlichen aus den früheren Fehlern gelernt. Statt Monokulturen lassen sie Mischwälder pflanzen, und in der Provinz Ningxia werden seit 1994 mit deutscher Hilfe am Wüstenrand unter anderem Obstplantagen angelegt und die Bauern im Aufbau einer nachhaltigen Bewirtschaftung geschult.

Erst nach Jahren wird sich erweisen, ob die Schulung auf Dauer erfolgreich war. Oder ob die deutschen Experten in China ähnliche Erfahrungen machen müssen wie einige ihrer Kollegen im Süden Marokkos. Dort hatten die Bewohner eines Oasenstädtchens auf der Suche nach Brennholz die auf umliegenden Dünen gewachsenen Bäume gerodet – bis die Sandmassen in Bewegung gerieten und die Oase bedrohten. Daraufhin pflanzten Bewohner und internationale Helfer auf den Dünen neue Bäume.

Doch nach einiger Zeit begannen die Sandberge wieder zu wandern. Denn auch diesmal hatten die Oasenbewohner die Bäume, als sie groß genug waren, abgeholzt. Und verfeuert. □

Jürgen Bischoff, 53, ist GEOkompakt-Redakteur und hat das Konzept für dieses Heft erarbeitet. Fachliche Beratung: **Prof. Dr. Norbert Jürgens**, Dryland Research Center, Universität Hamburg, Biozentrum Klein Flottbek, **Dr. Christopher Martius**, Zentrum für Entwicklungsforschung, Universität Bonn.

Harald Martenstein über Skifahren in der Wüste, die Dänemarkisierung Saudi-Arabiens und das Musikfestival von Timbuktu

Die Angst des Schwarzkäfers vor dem Umzug

Weshalb setzen sich Menschen, Tiere und Pflanzen den harschen Lebensbedingungen der Wüste aus? Warum gehen sie nicht einfach weg? Wandern aus. So wie früher die Iren und heute die Ostdeutschen

Kann man die Wüste in einen Garten Eden verwandeln? Das ist ja der alte Menschheitstraum. Aus diesem Heft habe ich erfahren, dass der Versuch, wie bei den meisten großen Utopien, in der Regel nicht viel bringt. Im Gegenteil, es macht die Sache manchmal schlimmer.

Die Wasserreserven von Saudi-Arabien zum Beispiel werden seit Jahren verbraucht bei dem Versuch, das Land in ein zweites Dänemark zu verwandeln, natürlich nur in landwirtschaftlicher Hinsicht. Am Ende ist vom Grundwasser nichts mehr da, aber Saudi-Arabien ist immer noch nicht Dänemark.

Eine Wüste ist halt keine Grünanlage. Man muss sich auf die Wüste einstellen, man muss ihre Eigenheiten und auch ihre schwierigen Seiten akzeptieren, nur dann kann es gut gehen zwischen Mensch und Wüste. Der Mensch und die Wüste, das funktioniert offenbar so ähnlich wie eine Ehe. Man muss den Partner so nehmen, wie er ist, und nicht so, wie man ihn gern hätte.

In Irland gab es mal eine Hungersnot, daraufhin sind die Iren massenhaft nach Amerika ausgewandert. In Ostdeutschland gibt es zu wenige Arbeitsplätze, folglich ziehen Tausende von Ostdeutschen in den Westen. Die Meere werden wärmer, deswegen tauchen neuerdings Mittelmeerbewohner in der Nordsee auf. Das Leben als solches ist durchaus flexibel.

Die Pflanzen, Tiere und Menschen der Wüste aber gehen nicht weg. Dies ist beim Lebensraum Wüste für mich als Laie das größte Rätsel. Eine fruchtbare Gegend wird allmählich heiß und trocken. Anderswo ist es schön kühl und angenehm feucht. Der Schwarzkäfer müsste einfach nur woanders hinkrabbeln. Die Lebewesen der Wüste aber scheinen es vorzuziehen, nicht auszuwandern: Vielmehr passen sie sich an, verändern sich.

Diese Möglichkeit ist von den Iren und von den jungen Ostdeutschen überhaupt nicht ernsthaft geprüft worden. Man könnte sich ohne weiteres eine Menschenart vorstellen, die sich nur ganz sparsam bewegt und deswegen kaum Nahrung und vor allem keine Arbeit braucht.

Wenn es in einer Beziehung schwierig wird, darf man eben nicht einfach abhauen.

Was ich an diesem Heft außerdem faszinierend finde, ist die Diskrepanz zwischen Bildern und Texten. Die Bilder sind schön und zeigen eine Landschaft, die fast jeder sich gern anschaut. In den Texten dagegen ist immerzu von Problemen, von Härten und Schwierigkeiten die Rede. Die Wüste sieht gut aus. Aber wenn man mit ihr das Leben teilen will, ist es schwierig. Auch da gibt es Parallelen zu Partnerschaften.

Die Stadt Timbuktu hat mich schon als Kind fasziniert. Der Name Timbuktu ist bis heute der Inbegriff von „ganz weit weg". Wie läuft es eigentlich in dem modernen Timbuktu? Das moderne Timbuktu gehört zum Staat Mali und hat ungefähr 30 000 Einwohner. Das Volk der Tuareg ist ein unruhiges und kriegerisches geblieben, der vorerst letzte Bürgerkrieg in der Gegend von Timbuktu, unter lebhafter Beteiligung der Tuareg, endete erst 1996.

Timbuktu soll, abgesehen von seinen Kulturdenkmälern, ein verarmtes, wirtschaftlich bedeutungsloses Nest sein, noch trockener als im 19. Jahrhundert und auf dem Landweg immer noch schwer zu erreichen. Die Touristen sind wohl hauptsächlich Amerikaner. Timbuktu ist ein Kurzreiseziel, da bleibt der normale Tourist nicht 14 Tage.

Aber es gibt jedes Jahr im Januar ein Musikfestival. Der kulturhistorisch wichtigste Reisende nach Timbuktu scheint in den vergangenen Jahren deswegen Robert Plant gewesen zu sein, der Sänger der 1980 aufgelösten Band „Led Zeppelin".

Außerdem hat der amerikanische Schriftsteller Paul Auster vor einigen Jahren einen Roman geschrieben, der „Timbuktu" heißt. Er schildert das Leben eines Hundes, dessen Herrchen ein Obdachloser ist. Das Herrchen stirbt. Das klingt düster.

Im Jemen, im Oman und im Irak – vielerorts in der Wüste sind zertrümmerte Überreste einst blühender Städte zu finden. Wüstenstädte haben, wie es scheint, ein extrem hohes Niedergangs- und Verfallsrisiko. Wenn Timbuktu die mythische Wüstenstadt der Vergangenheit ist, der Inbegriff von sagenhaftem Reichtum, wie heißt dann wohl das Timbuktu von heute? Das Timbuktu von heute heißt, glaube ich, Dubai.

Im Gegensatz zu Timbuktu liegt Dubai zwar am Meer, aber auch in seiner Umgebung finden sich verschiedene Handelswege. Wie einst Timbuktu gilt Dubai als sagenhaft reich. Und sie bauen dort ein Weltwunder nach dem anderen, die höchsten Häuser, die teuersten Hotels, künstliche Inseln.

In Timbuktu gab es ein Herrenvolk, und es gab Sklaven. In Dubai gibt es eine kleine einheimische Oberschicht und ein Heer von Arbeitern, Angestellten und Managern, zum Teil sehr gut bezahlt, doch weitgehend rechtlos, die alles in Gang halten. Das Wasserproblem wurde mithilfe von Entsalzungsanlagen gelöst.

Im vergangenen Jahr hatte ich meinem 15-jährigen Sohn eine Städtereise versprochen. Er wollte nach Dubai. In Dubai befinden sich nicht nur einige der höchsten Häuser der Welt, es gibt dort auch eine der größten künstlichen Skipisten. Wir sind also in Dubai Ski gelaufen, im April, während draußen schon 30 Grad Hitze herrschten. Die anderen Leute auf der Piste waren hauptsächlich Chinesen und Russen.

Gegen Abend, wenn die Hitze nachließ, fuhren wir an den Strand und badeten. Geht es dekadenter? Man fühlt sich seltsam dabei. Aber es hat was.

Einmal besuchten wir einen gigantischen Wasser-Funpark, der „Wild Wadi" heißt, und surften zu Hawaii-Musik auf einer künstlichen Welle, mit Blick auf das angeblich teuerste Hotel der Welt, das „Burj al-Arab".

An einem anderen Tag unternahmen wir eine Wüstensafari. Bei einer modernen Wüstensafari besteigt man zu sechst oder zu acht einen großen Jeep, der Fahrer kommt meistens aus Indien oder Pakistan. Der Jeep fährt auf der Autobahn, dann biegt er von der Autobahn ab.

Der Fahrer lässt Luft aus den Reifen heraus. Anschließend fährt er über die Dünen, immer rauf und runter, wie Achterbahn. Dabei wird einigen schlecht. Ein Jeep ist schließlich kein Aston Martin DB 4 GT, Baujahr 1963. In der Ferne sieht man die Skyline von Dubai-Stadt und einige Stromleitungsmasten.

»Der Mensch und die Wüste – das funktioniert offenbar so ähnlich wie eine Ehe. Man muss den Partner so nehmen, wie er ist, und nicht, wie man ihn gern hätte«

An einer besonders großen Düne stoppt der Jeep. Snowboards liegen bereit. Wer mag, stellt sich auf ein Brett und surft die Düne hinab, es ist nicht besonders schwierig, weil das Brett auf Sand langsamer gleitet als auf Schnee.

Nach dem Surfen geht es in ein so genanntes Beduinencamp, wo ein Buffet und eine Bauchtänzerin bereitstehen. Es dämmert. Dann sagt der Tourführer: „Wir machen jetzt für eine Minute alle Lichter aus, bitte seien Sie ruhig, dann spüren Sie die Wüstenstimmung. Achten Sie auch auf den Wüstenhimmel! Die Sterne!" Nach einer Minute geht das Licht wieder an, Ende der Wüstenstimmung. Auf dem Rückweg, Autobahn, stehen wir lange im Stau.

Dubai ist der modernste Versuch, die Wüste zu überwinden, und er ist ökonomisch bisher zweifellos erfolgreicher als die landwirtschaftlichen Experimente von Saudi-Arabien. In Dubai werden die Wüste und ihr Klima einfach ignoriert, auf eine surreale, absurde Weise.

Anpassung an die Verhältnisse? Im Gegenteil. Skipisten, Eislaufbahnen und Spaßbäder. Vielleicht bauen sie demnächst das Matterhorn in Originalgröße nach oder das römische Kolosseum, mit original Gladiatorenkämpfen, und vor dem Kolosseum steht eine kleine Showbox mit einigen Exemplaren der jüngst entdeckten Wüsten-Insektenart namens „Gladiator".

Dubai verwandelt die Wüste nicht in einen Garten Eden, sondern in eine Megacity, in Spaß und Business. Das Modell dafür liefert Las Vegas. Auch Las Vegas liegt in der Wüste. Auf den ersten Blick sieht die Wüste leer aus, geschichtslos, obwohl sie es in Wirklichkeit natürlich nicht ist, sie wirkt, als ob man auf nichts Rücksicht nehmen müsste, und dieser Eindruck der Leere bringt uns Menschen offenbar auf verrückte Gedanken.

In 5000 Jahren werden Dubai City und Las Vegas grandiose Ruinenstädte abgeben, denn letztlich, fürchte ich, gewinnt immer die Wüste. □

Kompakt erklärt

Wichtige Fachbegriffe – präzise definiert. Die Zahlen geben an, auf welchen Seiten sie vorkommen und wo sie (**blau hervorgehoben**) zum Verständnis eines Textes besonders wichtig sind

Arides Gebiet
Von lat. *aridus* = trocken. Bezeichnung für eine Landschaft mit einem Klima, in dem die jährlichen Niederschläge geringer sind (im Durchschnitt unter 200 Millimeter, in den extrem ariden Vollwüsten unter 100 Millimeter) als die mögliche Verdunstung (über 2000 Millimeter). Gewöhnlich schwanken die Regenmengen in einzelnen Jahren stark. (**110**, **128**)

Artesische Oase
Wüstensenke, in der Grundwasser zumindest zeitweise selbstständig aus dem Boden tritt. In artesischen Oasen liegt der Wasserspiegel höher als die Oberfläche des Geländes. Der Aquifer (Grundwasserleiter) wird von einer kaum wasserdurchlässigen Schicht bedeckt; dadurch gerät Regenwasser, das in höher gelegenen Gebieten einsickert, auf dem Weg zum Zentrum der Senke unter Druck. Der Name geht auf die ehemalige nordfranzösische Provinz Artois zurück, in der erstmals artesische Brunnen gebohrt wurden. (**115**)

Chininsulfat
Arzneimittelform des Chinins, eines sehr bitteren Inhaltsstoffes der Rinde des Chinarindenbaums. Es wurde dank seiner schmerzstillenden und krampflösenden sowie fiebersenkenden Wirkung zur Behandlung von Malaria verwendet. Heute wird es vor allem gegen Muskelkrämpfe eingesetzt. (**84**)

Chloroplasten
Von einer Membran umschlossene Körperchen in der Pflanzenzelle, in denen die ***Photosynthese*** stattfindet. (**44**)

Denaturierung
Die unter anderem durch Säuren oder Hitze bewirkten Veränderungen der räumlichen Anordnung biologischer Bausteine. Beispielsweise werden die Eiweiße beim Kochen eines Hühnereis fest. Dabei verlieren sie ihre natürlichen Eigenschaften, und so können etwa Enzym-Eiweiße ihre Aufgaben in den Körperzellen nicht mehr erfüllen. (**108**)

Desertifikation
Landverödung. Intensive Nutzung durch den Menschen sowie Klimaveränderungen führen in Gebieten mit trockenem Klima zum Verlust biologischer oder wirtschaftlicher Produktivität. Die Pflanzendecke wird schwer geschädigt, die Krume wird durch Wind oder Wasser abgetragen oder physikalisch und chemisch stark verändert (Nährstoffverlust, Versalzung, Austrocknung); die Zahl der Tier- und Pflanzenarten geht zurück. Es entsteht eine vom Menschen gemachte Wüste („man made desert"), was jedoch nicht mit dem natürlichen Prozess der Wüstenbildung verwechselt werden darf. (**143**, 147)

Dornen
Umgewandelte Blätter, Blattteile, Sprossachsen, in selteneren Fällen Wurzeln. Sie dienen Pflanzen meist als Fraß- oder Verdunstungsschutz, Kletterpflanzen auch zur Verankerung. Stacheln sind dagegen kräftige, spitze Auswüchse der Oberhaut und darunter liegender Zellschichten. Sie dienen meist als Haftorgane (etwa bei der Brombeere), seltener zum Schutz. Kakteen haben also Dornen, Rosen dagegen Stacheln. (**136**)

Draa
Megadünen. Jahrtausendealte, oft Hunderte Kilometer lange, stationäre Sandrücken von 100 bis 200 Meter Höhe und mehr als 500 Meter Breite. Sie bilden meist parallele Reihen mit einem Abstand von ein bis zwei Kilometern und sind nur in großen Sandwüsten zu finden, etwa der Namib. (**72**)

Elektrische Leitfähigkeit
Eignung eines Körpers, in diesem Fall der Bodenschichten, elektrische Ladung zu transportieren. Die elektrische Leitfähigkeit steigt mit zunehmendem Salz- und Wassergehalt des Untergrundes. Sie wird indirekt mithilfe von Elektroden bestimmt, und zwar über den scheinbaren elektrischen Widerstand von Gestein und Wasser. (**116**)

Elektromagnetisches Feld
Resultiert aus der Wechselwirkung von Elektrizität und Magnetismus: Bewegte elektrische Ladungen sind stets von Magnetfeldern umgeben. Andererseits können Magnetfelder ihrerseits elektrische Ströme erzeugen. (**116**)

Elektromagnetisches Wechselfeld
Ein in Stärke und Polung wechselndes ***elektromagnetisches Feld***. (**117**)

Epiphyten
Aufsitzerpflanzen. Sie wachsen auf Stämmen, Ästen und Blättern anderer Pflanzen, denen sie jedoch – anders als Parasiten – keine Mineralstoffe entziehen. Besonders häufig sind sie in den feuchten Tro-

Zeitleiste Die Erforschung der Wüsten

um 445 v. Chr.
Der griechische Historiker Herodot unternimmt ausgedehnte Studienreisen durch Nordafrika und den Orient. Er beschreibt erstmals das Sahara-Volk der Garamanten.

Ende des 1. Jh. n. Chr.
Der Römer Julius Maternus durchquert vermutlich als Erster die Sahara von Nord nach Süd. Er soll bis in den heutigen Tschad vorgedrungen sein.

1271–1275
Marco Polo, ein venezianischer Kaufmann, bereist nach eigener Darstellung mit seinem Vater und seinem Onkel die persischen Wüsten und die Wüste Lop Nor im chinesischen Tarim-Becken. 1298 verfasst er darüber seinen Reisebericht.

1352
Der arabische Forschungsreisende Ibn Battuta zieht mit einer Karawane durch die Sahara und will auf dem Niger bis nach Timbuktu gelangt sein.

1447
Im Auftrag eines genuesischen Handelshauses bereist Antonio Malfante die Sahara zur Erkundung von Goldvorkommen und erreicht als erster namentlich bekannter Europäer die Tuat-Oasen.

Anfang des 16. Jh.
Der Araber Leo Africanus erreicht von Marokko aus durch die Sahara den Sudan. Seine „Beschreibung Afrikas" wird in die wichtigsten europäischen Sprachen übersetzt und nährt den Mythos vom sagenhaften Reichtum der Handelsstadt Timbuktu.

Mungo Park

1687
Eine Missions- und Forschungsreise führt den Südtiroler Jesuiten Eusebio Kino nach Arizona und in das Gebiet der Sonora-Wüste. Der Pater erkundet sie teilweise und fertigt für die spanische Krone Landkarten an.

1792
William G. Browne erreicht die Oase Siwa in Ägypten. Ein Jahr später gelangt der Engländer in das bis dahin Europäern nur dem Namen nach bekannte Königreich Darfur im heutigen Sudan und wird dort drei Jahre lang gefangen gehalten.

1795–1797
Der schottische Arzt Mungo Park erforscht im Auftrag der Londoner „African Association" den Niger, um zu klären, ob der Fluss tatsächlich in den Nil mündet. Er gerät in Gefangenschaft, kann jedoch fliehen. Bei einer zweiten Afrikareise kommt er 1806 ums Leben.

1798
Verkleidet als muslimischer Händler, reist der deutsche Theologe Friedrich Hornemann für die African Association durch die nordöstliche Sahara.

1823
Die Briten Walter Oudney, Dixon Denham und Hugh Clapperton gelan-

pen und Subtropen zu finden; in den gemäßigten Breiten siedeln als Epiphyten meist nur Moose, Flechten und Algen, die eine zeitweise Austrocknung überstehen. (136)

Falschfarbenbild
Eine farbige Satellitenaufnahme, in der bestimmten „Farben" andere Farbspektren zugeteilt worden sind. Durch die Kombination verschiedener Satellitenbildkanäle in der Farbkodierung lassen sich Aspekte hervorheben, die bei der Betrachtung von einzelnen Kanälen nicht in Erscheinung treten würden. Die Falschfarbentechnik erleichtert die Bearbeitung, Auswertung und Interpretation digitaler Satellitenbilder. (116)

Fossiles Grundwasser
Unterirdisches Wasser, das sich während niederschlagreicher Perioden in der Vergangenheit gesammelt hat und unter den gegenwärtigen Klimabedingungen keine oder nur eine sehr geringe Neuzufuhr durch Regenfälle erhält. (33, 116)

Grundwassermodell
Berechnet die Strömung sowie die Zu- und Abflüsse des Grundwassers und den Transport der darin enthaltenen Stoffe. Grundwassermodelle helfen bei der Vorhersage von Auswirkungen wasserwirtschaftlicher Maßnahmen, etwa beim Bau von Brunnen. (117)

Gueltas
Begriff aus dem nordafrikanischen Sprachraum. Gueltas sind kleine Wasserbecken, die in schattigen Schluchten oft auch die Trockenzeit überdauern und deshalb vor allem im Leben der Nomaden eine zentrale Rolle spielen. Sie werden durch Regenwasser, in Flussläufen durch Fluten oder durch aufsteigendes Grundwasser gefüllt. (49, 53, 111, 119)

Halbwüste
Gebiet mit halbtrockenem Klima (semiarid), in dem zwar die mögliche Verdunstung die jährlichen Niederschläge übertrifft – die potenzielle Verdunstung ist zwei- bis fünfmal höher als die Regenmenge, die fällt. Letztere ist jedoch deutlich höher als in den ariden Zonen. (22, 142, 144)

Kaltzeit
Glazial, populärwissenschaftlich auch Eiszeit. Relativ kalte Phase innerhalb eines Eiszeitalters, während deren sich Eismassen auf der Nordhalbkugel stark ausdehnen. Die Jetztzeit zählt wissenschaftlich noch zu einem Eiszeitalter, wird allerdings als Warmzeit (= Interglazial) bezeichnet, da nur die Pole vereist sind. (27, 29, 67, 69, 72, 73)

Kieselsäure
$Si(OH)_4$. Schwach saure Verbindung des Elements Silizium (lat. *silex* = Kiesel) mit Sauerstoff und Wasserstoff. Tritt in der Natur nur in Form ihrer Salze, der Silikate, auf. (98, 99)

Klüfte
Feine Brüche im Gestein, verursacht etwa durch Temperaturschwankungen oder durch tektonische Bewegungen des Untergrundes. (126)

Kontinentale Inlandwüsten
Auch Binnenwüsten. Liegen im Inneren großer Landmassen, weit entfernt von den Ozeanen. Feuchte Luft, die von dort ins Inland strömt, hat sich bereits auf dem langen Weg übers Land abgeregnet. (32)

Küstenwüsten
Entstehen, wo kalte Meeresströmungen entlang der Küste fließen, wie etwa der Humboldtstrom vor Chile und Peru. Ein Kennzeichen ist häufig auftretender Nebel, den manche Tiere und Pflanzen durch besondere Anpassungen als Wasserquelle nutzen. (17, 32, 70)

Lee-Seite
Die dem Wind abgewandte Seite eines Körpers. Gegenstände auf der Lee-Seite etwa eines Berges befinden sich im Windschatten. (68, 69, 72)

Wie entsteht eine Fata Morgana?

Diese legendären Luftspiegelungen bilden sich nur unter bestimmten Tagesbedingungen: schwache Winde, klarer Himmel, und – am wichtigsten – eine kalte Luftschicht über einer heißen. Ein von der Sonne stark erhitzter Boden gibt die Wärme an die untersten Luftschichten ab. Die unmittelbar darüberliegenden Luftschichten werden mit zunehmender Höhe deutlich weniger erwärmt. Treffen nun Lichtstrahlen von weit entfernten Objekten – etwa von Bergen oder Bäumen – in flachem Winkel auf die Grenzschicht zwischen Kalt- und Warmluft, werden sie an dieser reflektiert, sodass ein entfernter Beobachter die Objekte gespiegelt wie aus dem Nichts auftauchen sieht. Wasserflächen, von denen viele Fata-Morgana-Schilderungen berichten, sind jedoch nichts anderes als Spiegelungen des Himmels. Der Name entstammt einer Legende aus Süditalien: Danach lässt eine Fee (ital. = *fata*) namens Morgana die Trugbilder am Horizont erscheinen.

gen zum Tschad-See, von dem sie erstmals in Europa berichten.

1826
Der Schotte Alexander Gordon Laing erreicht Timbuktu, wird aber auf dem Rückweg ermordet.

Dixon Denham

1828
Der französische Abenteurer René Caillié gibt sich als Muslim aus, gelangt nach Timbuktu und kann als erster Europäer darüber berichten. Auf dem Rückweg durchquert er die Sahara erstmals in Süd-Nord-Richtung.

1833
Der amerikanische Offizier Benjamin Bonneville erforscht auf einer Privatexpedition den Great Salt Lake in der Wüstenlandschaft des Great Basin im Westen der USA.

1844–1845
Als erster Europäer durchquert der Deutsche Ludwig Leichhardt Australien in Ost-Nord-Richtung und dringt dabei bis an die nördlichen Ausläufer der Simpson-Desert vor. Von einer späteren Expedition kehrt er 1848 nicht zurück.

1850–1855
Der Hamburger Heinrich Barth durchquert während einer fünfeinhalb Jahre dauernden Forschungsreise die Sahara und sammelt bedeutende geographische, kartographische, ethnologische und naturkundliche Daten. Als Muslim verkleidet, lebt Barth längere Zeit in Timbuktu. Sein mehr als 3500 Seiten umfassender Reisebericht ist eine der wichtigsten geographischen und ethnographischen Quellen.

Benjamin Bonneville

1869
Der deutsche Arzt Gustav Nachtigal besteigt als erster Europäer das Tibesti-Massiv mit dem 3415 Meter hohen Emi Koussi, das höchste Gebirge der Sahara. Sein Reisebericht wird zum Bestseller.

1870–1873
Der russische Offizier und Geograph Nikolaj Michajlowitsch Prschewalskij durchquert die Wüste Gobi. Auf einer weiteren Expedition ins Innere Asiens entdeckt er dort wild lebende Kamele.

1873–1874
Der Bremer Arztsohn und Afrikaforscher Gerhard Rohlfs erkundet bis dahin unbekannte Regionen der Libyschen Wüste und gewinnt in den afrikanischen Wüsten umfangreiche geographische, geologische, botanische, meteorologische und ethnologische Erkenntnisse. Für spätere Reisende deponiert er eine Flaschenpost in einer aus leeren Wasser-

Gibt es Treibsand in der Wüste?

Man kennt die Szene aus Romanen und Filmen: Menschen oder Tiere versinken im Wüstensand auf Nimmerwiedersehen. An der niederländischen Universität Twente haben Physiker überprüft, ob so etwas tatsächlich möglich ist. Sie pressten Luft in einen mit Sand gefüllten Behälter – mit dem Ergebnis, dass sich die Dichte des Sandes deutlich veränderte: Er enthielt nunmehr 59 gegenüber zuvor 40 bis 45 Prozent Luft und war so trocken und weich, dass die Körner kaum aneinanderhafteten. Auf dieses Sand-Luft-Gemisch legten die Wissenschaftler nun mit Bronzepartikeln gefüllte Tischtennisbälle, die prompt bis zu 22,4 Zentimeter tief einsanken. Schlussfolgerung: Auch in der Natur könnte ein solcher Treibsandeffekt auftreten, wenn etwa Wüstenstürme den Sand kräftig aufmischen.

Luv-Seite
Die dem Wind zugewandte Seite eines Körpers, zum Beispiel eines Schiffes oder Berges. (69, **72**)

Nano-Spikes
Von griech. *nānos* = Zwerg und engl. *spike* = Dorn. Winzige Zacken auf den Schuppen mancher Kriechtiere, so des Sandskinks oder der Kenianischen Sandboa. Sie verringern bei den im sandigen Habitat lebenden Tieren die Reibung und Abnutzung der Haut erheblich und ermöglichen ihnen dadurch eine schwimmende Fortbewegung im Sand. (**109**)

Ordnung
Kategorie in der Systematik der Lebewesen, die mehrere Familien zusammenfasst. Basis dieser Systematik ist die Art, eine oder mehrere Arten bilden eine Gattung, mehrere Gattungen eine Familie. Diese bilden die Ordnungen, von denen mehrere wiederum eine Klasse ergeben. Mehrere Klassen fügen sich zum Stamm (oder zur Abteilung) und diese sich schließlich zum Reich (zum Beispiel Tierreich, Pflanzenreich). (**112**, 113)

Passat
Beständig wehende Winde der Nord- und Südhalbkugel, die im Bereich des Äquators zusammentreffen. Sie wehen von den subtropischen Hochdruckgebieten zu den Tiefdruckgebieten der Äquatorialregion und werden dabei durch die Erdrotation abgelenkt. Auf der Nordhalbkugel wehen sie daher aus Nordost, auf der Südhalbkugel aus Südost. (17, **29**, 32)

Photosynthese
Umwandlung von Lichtenergie in chemische Energie, die in Glukose (Traubenzucker) oder anderen organischen Verbindungen gespeichert wird. Sie findet in grünen Pflanzenteilen sowie in bestimmten Bakterien und Archaebakterien statt. Ausgangsstoffe sind Kohlendioxid aus Luft und Wasser, das aus dem Boden oder – wie bei den Algen – aus dem Umgebungswasser absorbiert wird. Bei der Umwandlung entsteht Sauerstoff. (**136**)

Präzession
Die langsame und stetige Taumelbewegung der schräg stehenden Erdachse um die Senkrechte zur Erdumlaufbahn. Ursache sind die Anziehungskräfte von Sonne und Mond: Diese zerren an der nicht exakt kugelförmigen Erde und bewirken dadurch indirekt eine Taumelbewegung ihrer Rotationsachse – vergleichbar der eines schwankenden Drehkreisels. Rund 26 000 Jahre dauert eine solche Kreisbewegung der Erdachse, wodurch sich der Einstrahlungswinkel des Sonnenlichtes stetig verändert – und damit weitere für das Klimageschehen auf der Erde wichtige Parameter: so die Sonnenscheindauer und der Zeitpunkt der Tag- und Nachtgleichen. (**29**)

Regenschattenwüste
Auch Reliefwüste. Gebirge zwingen anströmende, feuchte Luftmassen zum Aufsteigen und Abregnen, Die Gebiete in ihrem Windschatten bleiben trocken. Beispiel: Great Basin Desert in den USA. (22, **32**)

Skorbut
Erkrankung aufgrund von Vitamin-C-Mangel. Dabei kommt es zu Bindegewebsschwächen, Zahnausfall und gestörter Wundheilung. Herzmuskelschwäche kann schließlich zum Tode führen. Trat häufig während langer Seereisen auf, weshalb man Seeleuten gern das Vitamin-C-reiche Scharbockskraut, ein Hahnenfußgewächs, mitgab. (**84**, 88)

Songhai
Auch Songhay oder Sonrhai. Westafrikanisches Volk am Mittellauf des Niger. Vom 10. bis 16. Jahrhundert war es zusammen mit anderen Völkern (etwa den Fulbe und Mande) Träger des Reiches Songhai. Heute leben etwa 1,5 Millionen Songhai in Westafrika, vor allem in Mali und Niger. (**86**)

Sukkulenten
Von lat. *succulentus* = saftreich. Pflanzen, die zu Regenzeiten Wasserspeicher anlegen und damit Dürrezeiten überdauern. Unterschieden werden Blattsukkulenten (wie Agave und Aloë), Stammsukkulenten (wie Kakteen und Wolfsmilchgewächse) und Wurzelsuk-

kisten errichteten Pyramide, die erst 1926 gefunden wird.

1875–1876
Der in England geborene Forscher Ernest Giles reist durch die Gibson und die Great Victoria Desert in Australien und erhält für seine Erkundungen 1880 die Goldmedaille der Royal Geographical Society.

1893–1897
Der schwedische Geograph Sven Hedin erforscht auf seiner ersten von vier Expeditionen in Zentralasien unter anderem das Pamirgebiet, das Tarim-Becken und Nord-Tibet. In den zentralasiatischen Wüsten entdeckt er bis dahin unbekannte landschaftliche Großformen. Auf einer zweiten Expedition (1899–1902) findet Hedin die Ruinenstadt Loulan.

1908
Erste Diamantenfunde in der Namib liefern den Anlass zu ihrer wissenschaftlichen Erforschung.

1924
Die Französin Alexandra David-Néel erreicht als vermutlich erste Europäerin nach einer jahrelangen Odyssee zu Fuß und als Bettelpilgerin verkleidet die tibetische Hauptstadt Lhasa und bringt von dort zahlreiche ethnographische Daten mit.

Sven Hedin

1927
Im Auftrag der französischen Gesellschaft für Geographie begleitet der Naturwissenschaftler Théodore Monod eine sechs Monate dauernde Expedition durch die Sahara. Monod sammelt Pflanzen- und Felsproben, deren Auswertung Jahre in Anspruch nimmt.

1927–1935
Sven Hedin erkundet mit einem interdisziplinären chinesisch-schwedischen Wissenschaftler-Team („wandernde Universität") die meteorologischen, topographischen, prähistorischen und biologischen Gegebenheiten in der Wüste Gobi und Chinesisch-Turkestan. Diese größte aller wissenschaftlichen Expeditionen in das unbekannte Innere Zentralasiens erbringt bedeutende Erkenntnisse. So löst sie das Rätsel des „wandernden Sees" (Lop Nor).

1932
Der Brite Patrick A. Clayton findet in der Libyschen Wüste größere Mengen des sagenhaften „Wüstenglases". Das schon bei den alten Ägyptern geschätzte Material ist vermutlich durch einen Schmelzprozess beim Aufprall eines Meteoriten auf den Sandstein der Sahara entstanden.

1936
Erste wissenschaftliche Erforschung und Durchquerung der Fels-, Geröll- und Sandwüste Tanezrouft in der algerischen Sahara durch Théodore Monod.

1933
Der österreichisch-ungarische Flugzeug- und Autopionier Ladislaus Eduard Almásy entdeckt im Süden der

kulenten (manche Spargelgewächse) – je nachdem, in welchem Pflanzenteil der Wasservorrat angelegt wird. (**38**, 43, **136**)

Tracheen
Röhrenförmige Atmungsorgane der Insekten und Tausendfüßer, die einen Gasaustausch zwischen der Außenwelt und jeder Körperregion ermöglichen. (**105**)

Trockenflüsse
Flussläufe, die nur zeitweilig Wasser führen. (**38**)

Wadi
Trockental oder -fluss. Flussbett, das nur während seltener Fluten Wasser führt. Meist in regenreicherer Vergangenheit einer Wüste entstanden. Kleine Rinnen haben sich zu Gräben vertieft und zu Tälern vereinigt, die häufig in tiefe Canyons münden. (25, 26, **28**, 30, 32, 48–56, **49**)

Wasserkolke
Strudelkessel in Flussbetten. Sie entstehen durch Geröll oder Sandkörner, die in Wasserwirbeln rotieren und dadurch hohle Wannen schmirgeln. (**114**)

Wendekreis
Bezeichnung für die beiden um 23,27 Grad nördlich (Wendekreis des Krebses) und südlich (Wendekreis des Steinbocks) vom Äquator entfernten Kleinkreise der Himmelssphäre, an denen die Sonne ihre scheinbare jährliche Bewegungsrichtung ändert. (23, **29**)

Wendekreiswüsten
Wüsten, deren Trockenheit durch ihre geographische Lage an den ***Wendekreisen*** bedingt ist. Trockene, vom Äquator kommende Luftmassen sinken hier ab, werden durch Sonneneinstrahlung erhitzt und strömen als heißer Wind wieder zum Äquator zurück. Feuchtigkeit können sie dabei nicht aufnehmen. Alle heißen Wüsten der Erde liegen im Bereich um die Wendekreise, genauer zwischen 20. und 40. Breitengrad, im subtropischen Wüstengürtel. (22, 23, **29**, 32)

Autoren: Dr. Carolin Mayer; Henriette Joseph, Kristin Oeing

Libyschen Wüste die neolithischen Höhlenmalereien von Gilf Kebir („Die Höhle der Schwimmer“).

1958
Théodore Monod erkundet auf einer mörderischen Reise durch 900 Kilometer wasserloses Gebiet weiße Flecken in der mauretanischen Wüste El Djouf. Niemand zuvor hat eine solche Strecke zwischen zwei Wasserstellen ohne technische Hilfsmittel überwunden. Der Franzose findet Beweise, dass vor rund 11 000 Jahren in Regionen der Sahara feuchtes und fruchtbares Klima herrschte.

1958
Der Wiener Zoologe Charles Koch registriert anlässlich einer Expedition in die Namib-Wüste die erstaunliche Vielfalt der Schwarzkäfer. Das Transvaal Museum Südafrikas beschließt daraufhin, am Kuiseb-Fluss in Namibia eine Feldstation für Wüstenforschung einzurichten. Vier Jahre später eröffnet die noch heute bestehende Gobabeb-Station mit Koch als Gründungsdirektor.

GEOkompakt

Gruner + Jahr AG & Co KG, Druck- und Verlagshaus,
Am Baumwall 11, 20459 Hamburg. Postanschrift
für Verlag und Redaktion: 20444 Hamburg,
Telefon 040 / 37 03-0, Telefax 040 / 37 03 56 47, Telex 21 95 20.
Internet: www.GEOkompakt.de

HERAUSGEBER
Peter-Matthias Gaede
CHEFREDAKTEUR
Michael Schaper
GESCHÄFTSFÜHRENDE REDAKTEURE
Martin Meister, Claus Peter Simon
CHEFS VOM DIENST
Dirk Krömer
Rainer Droste (Technik)
TEXTREDAKTION
Jürgen Bischoff (Heftkonzept),
Jörn Auf dem Kampe, Dr. Henning Engeln
ART DIRECTOR
Torsten Laaker
GRAFIK
Freie Mitarbeit: Barbara Exner
BILDREDAKTION
Roman Rahmacher;
Freie Mitarbeit: Katrin Kaldenberg, Tatjana Stapelfeldt
VERIFIKATION
Susanne Gilges, Bettina Süssemilch
Freie Mitarbeit: Dr. Eva Danulat, Friederike Eggers,
Johannes Kückens
WISSENSCHAFTLICHE BERATUNG
Dr. Carolin Mayer, Dryland Research Centre Hamburg (DRCH)
TEXT-MITARBEIT
Freie Mitarbeit: Ernst Artur Albaum, Dr. Ralf Berhorst, Katrin Blum,
Bleike General, Rainer Harf, Till Hein, Malte Henk, Henriette Joseph,
Ute Kehse, Eva-Maria Koch, Harald Martenstein, Kristin Oeing,
Martin Paetsch, Michael Stührenberg, Bertram Weiß
ILLUSTRATION
Freie Mitarbeit: Jochen Stuhrmann, Tim Wehrmann
SCHLUSSREDAKTION
Ralf Schulte;
Assistenz: Hannelore Koehl
REDAKTIONSASSISTENZ: Ursula Arens
HONORARE: Angelika Györffy
BILDADMINISTRATION UND -TECHNIK: Stefan Bruhn
BILDARCHIV: Bettina Behrens, Gudrun Lüdemann, Peter Müller
REDAKTIONSBÜRO NEW YORK: Nadja Masri (Leitung),
Tina Ahrens, Christof Kalt (Sekretariat);
535 Fifth Avenue, 29th floor, New York, NY 10017, Tel. 001-646-884-7120,
Fax 001-646-884-7111, E-Mail: geo@geo-ny.com
Verantwortlich für den redaktionellen Inhalt:
Michael Schaper
VERLAGSLEITUNG: Dr. Gerd Brüne, Ove Saffe
ANZEIGENLEITUNG: Anke Wiegel
VERTRIEBSLEITUNG: Ulrike Klemmer, DPV Deutscher Pressevertrieb
MARKETING: Julia Duden (Ltg.), Anja Stalp
HERSTELLUNG: Oliver Fehling

ANZEIGENABTEILUNG: Anzeigenverkauf: Ute Wangermann,
Tel. 040 / 37 03 29 32, Fax: 040 / 37 03 57 73; Anzeigendisposition:
Carola Kitschmann, Tel. 040 / 37 03 23 93, Fax: 040 / 37 03 56 04
Es gilt die Anzeigenpreisliste Nr. 3/2007

Der Export der Zeitschrift GEOkompakt und deren Vertrieb im Ausland sind nur mit Genehmigung des Verlages statthaft. GEOkompakt darf nur mit Genehmigung des Verlages in Lesezirkeln geführt werden.
Bankverbindung: Deutsche Bank AG Hamburg,
Konto 0322800, BLZ 200 700 00
Heft-Preis: 8,00 Euro • ISBN-Nr. 978-3-570-19744-8;
978-3-570-19777-6 (mit DVD, 14,95 Euro)

ISSN 1614-6913
Litho: 4mat Media, Hamburg
Druck: Mohn Media Mohndruck GmbH, Gütersloh
Printed in Germany

GEO-LESERSERVICE

FRAGEN AN DIE REDAKTION
Telefon: 040 / 37 03 20 73, Telefax: 040 / 37 03 56 48
E-Mail: briefe@geo.de

ABONNEMENT- UND EINZELHEFTBESTELLUNG

ABONNEMENT DEUTSCHLAND Jahres-Abonnement: 29 €

BESTELLUNGEN:
DPV Deutscher Pressevertrieb
GEO-Kundenservice
20080 Hamburg
Telefon: 01805 / 861 80 03*

KUNDENSERVICE ALLGEMEIN:
(pers. erreichb.)
Mo–Fr 7.30 bis 20.00 Uhr
Sa 9.00 bis 14.00 Uhr
Telefon: 01805 / 861 80 03*
Telefax: 01805 / 861 80 02*
E-Mail: geo-service@guj.de

24-Std.-Online-Kundenservice: www.MeinAbo.de/service

ABONNEMENT ÖSTERREICH
GEO-Kundenservice
Postfach 5, 6960 Wolfurt
Telefon: 0820 / 00 10 85
Telefax: 0820 / 00 10 86
E-Mail: geo@abo-service.at

ABONNEMENT SCHWEIZ
GEO-Kundenservice
Postfach, 6002 Luzern
Telefon: 041/ 329 22 20
Telefax: 041/ 329 22 04
E-Mail: geo@leserservice.ch

ABONNEMENT ÜBRIGES AUSLAND
GEO-Kundenservice, Postfach, CH-6002 Luzern;
Telefon: 0041-41 / 329 22 20, Telefax: 0041-41 / 329 22 04
E-Mail: geo@leserservice.ch

BESTELLADRESSE FÜR GEO-BÜCHER, GEO-KALENDER, SCHUBER ETC.

DEUTSCHLAND
GEO-Versand-Service
Werner-Haas-Straße 5
74172 Neckarsulm
Telefon: 01805 / 06 20 00*
Telefax: 01805 / 08 20 00*
E-Mail: service@guj.com

SCHWEIZ
GEO-Versand-Service 50/001
Postfach 1002
CH-1240 Genf 42

ÖSTERREICH
GEO-Versand-Service 50/001
Postfach 5000
A-1150 Wien

BESTELLUNGEN PER TELEFON UND FAX FÜR ALLE LÄNDER
Telefon: 0049-1805 / 06 20 00, Telefax: 0049-1805 / 08 20 00
E-Mail: service@guj.com

*14 Cent / Min. aus dem deutschen Festnetz, Mobilfunkpreise können abweichen

Bildnachweis/Copyright-Vermerke

Anordnung im Layout: l. = links, r. = rechts, o. = oben, m. = Mitte, u. = unten

Titel: Michael Martin (großes Bild); Georg Fischer 1. v. l. u.; Michael Martin: 2. v. l. u.; Michele Westmoreland/Corbis 3. v. l. u.; Martin Harvey/Corbis 4 v. l. u.

Editorial: Werner Bartsch für GEOkompakt: 3 o. r.; Alyazia KH. Alsuwaidi: 3 u. l.; Pascal Maitre: 3 o. l.; Elke Wallner: 3 u. r.

Inhalt: Neil Lucas/Naturepl.com: 1. v. o. l.; Pascal Maitre: 2. v. o. l.; Olivier Grunewald: 3. v. o. l.; George Steinmetz/Agentur-Focus: 4. v. o. l.; George Steinmetz: 4–5 o.; Frobenius-Institut: 4 m. r.; Rainer Harf für GEOkompakt: 4 m. u.; Richard Broadwell/Beateworks/Corbis: 5 u. l.

Heiße dürre Welt der Wunder: Michael Martin: 6–7; 8–9; Kazuyoshi Nomachi/Corbis: 10–11; Frank Lukasseck/Corbis: 12–13; Michael Nichols/National Geographic Image Collection: 14–15; George Steinmetz: 16–17; Yva Momatink/John Eastcott/Minden Pictures: 18–19; Olivier Grunewald: 20–21

Wüsten der Erde: NASA-GSFC/DLR: 22–23 o.; Jochen Stuhrmann für GEOkompakt: 22–23 u.

Das versandete Paradies: Frobenius-Institut: 24–25; 26 u.; 27 u.; Fliegel Jezerniczky: 26 o.; Stefan Kröpelin: 27 o.; Michael Martin: 28–29; Hulton Archive/Getty Images: 29; 32; Bettmann/Corbis: 30; Philippe Bourseiller/J. H. Editorial: 31 o., 31 u.; 32–33; Roger Viollet: 34

Grüne Zeiten in der Namib: Getty Images: 36–37; Dani/Jeske/Earth Scenes/Animals Animals: 38; Mark Taylor/Naturepl.com: 39 (2); Olivier Michaud: 40–41; Nigel Dennis/Photo Researchers/Agentur-Focus: 42 u.; Pete Oxford/Naturepl.com: 42 o.; Werner Bollmann/OSF: 43; 44 o.; Anthony Bannister/ABPL/Animals Animals: 44 u.

Mein Freund, der Nomade: Pascal Maitre: 46–56; George Steinmetz: 54; Karte: GEO-Grafik/Rainer Droste: 55 o.

Nachricht aus der großen Leere: Pitt Rivers Museum/University of Oxford: 58–59

Die Gesetze des Sandes: Michael Martin: 60–61; Gerry Ellis/Minden Pictures: 62–63; Georg Steinmetz: 64–65, 66–67, 72; Keystone/Getty Images: 66; Rainer Harf für GEOkompakt: 68–69; Michael & Patricia Fodgen/Minden Pictures: 70; ESA/Envisat 2003: 71

Wasser aus der Wüste: aus Barks Library 9, erschienen im Egmont Ehapa Verlag; © Disney: 77

Die Reise zu einer Fata Morgana: Getty Images/Hulton Archive: 78–79; The Bridgeman Art Library: 80; 83 o.; Ullstein-Roger Viollet: 81; Landkarte: aus »Le voyage de René Caillié«: 82; 86 u.; Ullstein-KPA: 83 u.; The Art Archive/Musée des Art Décoratifs Paris/Dagli Orti: 84; Mary Evans-Picture Library: 85; The Art Archive/Biblioteca Nazionale Marciana Venice/Dagli Orti: 86 o.; Ullstein-Granger Collection: 87; Mary Evans Picture Library: 88

Pracht aus Salz und Sonne: Georg Fischer: 90–97

Pretiosen aus Australiens Outback: Michael Martin: 98; Milan Horacek/Bilderberg: 99 o., 99 u.

Virtuosen des Widerstands: Frans Lanting/Minden Pictures: 100–101, 102 o., 102–103, 105; Norbert Wu/Minden Pictures: 104 1. v. o; Michael & Patricia Fodgen/Minden Pictures: 104 2. v. o., 4 v. o.; 109 u., 110; Frans Lanting/Minden Pictures: 104 3. v. o.; David Shale/Naturepl.com: 104 u.; Laurent Geslin/Minden Pictures: 106; Neil Lucas/Naturepl.com: 107 o.; Michael & Patricia Fodgen: 107 u.; Richard Du Toit/Minden Pictures: 108; Tim Scoones/OSF: 109 1. v. o.; Aurora/OSF: 109 2. v. o.; Frans Lanting/Minden Pictures: 109 3. v. o; David Shale/Naturepl.com: 109 4. v. o.; Getty Images: 109 5. v. o.

Das Geheimnis der Gladiatoren: Dr. Wolfgang Weitschat: 112; Dr. Hartmut Koehler/Uni-Bremen: 113 r.; Joe Walter/Windhoek, Namibia: 113 o.

Suche nach dem Schatz der Wüste: NDR: 114; BGR: 115, 117; Landsat/NASA/BGR: 116; Rainer Harf für GEOkompakt: 116; Michael Martin: 119

Giganten auf dem Weg ins Meer: Jose Fuste Raga/Corbis: 120–121; Tim Fitzharris/Getty Images: 122–123; Richard Broadwell/Beateworks/Corbis: 124, 127; Karen Tweedy Holmes/Corbis: 125; David Muench/Corbis: 128; Rainer Harf für GEOkompakt: 126;

Festungen des Lebens: Anselm Spring: 132–133; 135 o. r.; David Linning/Alamy: 134; John Cancalosi/Naturepl.com: 135 o. l.; Wendy Conway/Alamy: 135 u.; Iconotec/Alamy: 136 l.; David Samuel Robbins/Corbis: 136 r.; Tui De Roy/Minden Pictures: 137

Der große grüne Ir rtum: George Steinmetz/Agentur-Focus: 140–141; Ted Wood/Aurora: 142; Steve Kaufman: 143; Vince Streano/Corbis: 144; James L. Amos/Corbis: 145 u. l.; Dr. Anke Hoffman/Humboldt-Universität, Berlin: 145 o. r.; UNEP 2004: 146

Die Angst des Schwarzkäfers vor dem Umzug: aus Barks Library 12, erschienen im Egmont Ehapa Verlag, © Disney: 148

Glossar: Time Life Pictures/Getty Images: 150 u.; Michael Engler/Bilderberg: 151 o. r.; Getty Images: 151 u. l.; Corbis: 151 u. r.; Frank Krahmer/Zefa/Corbis: 152 o.; akg Images: 152 u.

Vorschau: Frans Lanting/Corbis: 154; Illustration: Jochen Stuhrmann für GEOkompakt: 155 o. l. (2); BPK: 155 o. r.; BPK/RMN/Jean Gilles Berizzi: 155 m. r.; The Bridgeman Art Library/Getty Images: 155 l. u.; Illustration: © Karol Schauer 155 m. u.

Einem Teil dieser Auflage liegen folgende Beilagen bei: WBG, DPV und GEOkompakt.

GEOkompakt Nr. 13 erscheint am 5. Dezember 2007

DIE STEINZEIT

Von der Horde zur frühen Hochkultur, vom Mammutjäger zum Viehzüchter: Wie unsere Vorfahren überlebten – und nach und nach lernten, ihre Umwelt zu formen

Erst seit gerade 4500 Jahren setzen Menschen Metall zur Herstellung von Waffen und größeren Werkzeugen ein. Rund 2,5 Millionen Jahre lang war Feuerstein ihr bevorzugtes Material gewesen – härter als jeder andere natürliche Werkstoff und mit messerscharfen Bruchkanten. Nur mit dem, was die Natur ihnen bot, gelang es ihnen, in einer rauen, sich ständig wandelnden Umwelt zu überleben. Mit einfachen Waffen gingen sie auf die Jagd nach Mammuts, mit ihren Werkzeugen bauten sie sich aus Holz, Fellen oder Knochen schützende Unterkünfte, mit Steinzeitfeuerzeugen entzündeten sie Feuer. Doch trotz des täglichen Überlebenskampfes fanden sie die Muße, um Dinge zu tun, die offenbar keinem praktischen Zweck dienten: Sie schnitzten filigrane Figuren, entwarfen traumschöne Höhlenmalereien, türmten tonnenschwere Steinblöcke zu Monumenten auf. Und sie erfanden etwas, das den gesamten Planeten umwälzen sollte: Ackerbau und Viehzucht – die Voraussetzung dafür, dass Städte, Hierarchien und Hochkulturen entstanden. GEOkompakt schildert, wie unsere Ahnen mit ihrem Können und ihrer Erfindungsgabe die Grundlagen schufen für die Welt, in der wir heute leben. □

Weitere Themen

››› **DER NEANDERTALER:** Fragen und Antworten zu einem engen Verwandten.

››› **MAMMUT & CO:** Warum sie ausstarben und was der Mensch damit zu tun hatte.

››› **STONEHENGE:** Wer errichtete die gewaltigen Megalith-Bauten – und weshalb?

››› **GLETSCHERMANN VON SIMILAUN:** Wie »Ötzi« lebte und wie er zu Tode kam.

››› **DAS RAD:** Es ist die genialste Erfindung aller Zeiten – aber wer hält das Patent darauf?